Das Buch

»Seit der WM 2006 haben die Deutschen angeblich angefangen, sich selbst zu mögen. Jedes einzelne verkaufte Buch von Dietmar Wischmeyer hilft, diesen verhängnisvollen Trend zu stoppen.« *Oliver Welke*

Neue hinreißend niederträchtige Geschichten, Portraits und Satiren von einem der erfolgreichsten Protagonisten der deutschen Humorwirtschaft. Dietmar Wischmeyer entlarvt die Deutschen erneut als Volk der Doofen und Deppen: vom Dirndl-begeisterten Brüderle über Dauercamper an der Autobahn bis hin zum ohrenbetäubenden Wacken-Festival, das man buchstäblich nur kopfschüttelnd ertragen kann.

Der Autor

Dietmar Wischmeyer, Radiomacher (u.a. »Wischmeyers Schwarzbuch« bei radio eins rbb), Autor und TV-Kolumnist (heute-show im ZDF), zählt zu den erfolgreichsten Komikern Deutschlands. Er erfand das legendäre Frühstyxradio, schuf die beliebte Comedy-Serie »Der kleine Tierfreund« und tourt jedes Jahr mit wechselndem Programm durch Deutschland.

Von Dietmar Wischmeyer sind in unserem
Hause bereits erschienen:

Alle doof bis auf ich
Die bekloppte Republik
Das Deutschbuch der Bekloppten und Bescheuerten
Deutsche sehen dich an
Eine Reise durch das Land der Bekloppten
und Bescheuerten
Zweite Reise durch das Land der Bekloppten
und Bescheuerten
Das Paradies der Bekloppten und Bescheuerten
Das Schwarzbuch der Bekloppten und Bescheuerten

Dietmar Wischmeyer

Ihr müsst bleiben, ich darf gehen

Zu Besuch bei deutschen Menschen

Ullstein

Besuchen Sie uns im Internet:
www.ullstein-taschenbuch.de

Ungekürzte Ausgabe im Ullstein Taschenbuch
1. Auflage Januar 2015
© Ullstein Buchverlage GmbH, Berlin 2013 / ullstein extra
Umschlaggestaltung: ZERO Werbeagentur, München
Titelabbildung: © Frank Wilde
Fotos im Buch: Dietmar Wischmeyer, Udo Karduk, Ralf Vielhauer,
Nora Köhler, Harm Wörner
Satz: Pinkuin Satz und Datentechnik, Berlin
Gesetzt aus der Excelsior
Papier: Pamo Super von Arctic Paper Mochenwangen GmbH
Druck und Bindearbeiten: CPI books GmbH, Leck
Printed in Germany
ISBN 978-3-548-37565-6

VORNEWEG:

Ihr müsst bleiben, ich darf gehen

Wie hält sich der Mensch nur gegenseitig aus?
Das ist die Frage aller Fragen.

Gar nicht, lautet die Antwort, die uns täglich über die Medien erreicht: Ehegattensplitting mit der Axt, Amoklauf und Bürgerkrieg: Der Mensch zeigt auf vielerlei Weise seine Abscheu vor dem Nächsten. Ist man zwangsweise eingepfercht mit anderen Steißgeburten, im Lift, im Ferienflieger, im An-sich-Handy-freien-ICE-Abteil, beginnt man fast sofort mit Betreten der Klause die anderen zu hassen.

Man malt sich aus, wie sie wohl reagierten, wenn Panik ausbräche: Der fette Tortenarsch dort hinten oder die Moschus emittierende Wachtel neben dem Eingang. Und doch wohnt diesen Momenten auch ein Quäntchen Glück inne: Wenn die Tür sich öffnet und jeder seiner Wege geht, dann wird zur Gewissheit, dass man zumindest diese Tröten nie im Leben wiedersieht. Noch größer ist das Glück, wenn man zu den vom Schicksal Begünstigten gehört, die einen unseligen Ort auf Nimmerwiedersehen verlassen dürfen: Schulabschluss oder Haftentlassung – wie ergötzlich ist der Blick in die traurigen Gesichter jener, die zurückbleiben müssen: Pädagogikvollzugsbeamte, Wärter: Lebenslängliche allesamt. So muss auch den Apologeten der menschlich wertvollen Begegnung gesagt sein: Selten haftet ihr einzig Freude an, viel häufiger wird einem warm ums Herz, wenn man Leute nie wiedersieht. Es stellt sich nun die Frage, ob wir dieses kleine Glück am Wegesrand nicht absichtlich herbeiführen können.

Hier kommt die tröstliche Antwort: Yes, we can! Dazu muss man gezielt Ausflüge in die Zwangsgemeinschaften anderer unternehmen. Sich mal unter die Gäste einer betrieblichen Weihnachtsfeier mischen, die Ortsgruppensitzung einer Partei oder anonym den Elternabend der 9 b besuchen. Dort sitzt man dann und kann sich wohlig gruseln an dem unglaublichen Schwachsinn, der verzapft wird, man darf verstohlen beobachten, wie Eitelkeit und Dummheit die Klinge kreuzen. Je länger man dem Treiben zuschaut, desto größer und schöner wächst eine Gewissheit heran. Die anderen im Mief ihrer Gemeinschaft zurücklassend, öffnet man still und leis' die Tür hinaus in die Freiheit und flüstert, tief durchdrungen vom Glück:

Ihr müsst bleiben, ich darf gehen.

Allen Lesern dieses Buches wünsche ich ebensolche Momente, wenn sie in die folgenden Geschichten eintreten.

ARBEIT

Grundübel allen irdischen Seins

Am Totensonntag öffnen sich nicht die Gräber, sondern die Kollegen machen das, was sie immer machen, nämlich: tot bleiben. Warum stehen dann ausgerechnet am Tag der Arbeit landesweit die Räder still? Es ist nur einer der tausend Widersprüche, die an der Erbsünde der Menschheit haften. Als die einstigen Jäger und Beerensammler den Ackerbau entdeckten, war's mit der Dolce Vita vorbei. Statt dem todbringenden Mammut auf den Pelz zu rücken, zog der alte Kämpe den Hakenpflug durch den Dreck. Dies war die Erfindung der Arbeit und gleichzeitig die Ur-Demütigung des Mannes. Noch bis vor wenigen Jahren gab es auch bei uns Gegenden, in denen Männer, die das Dorf verlassen mussten, um »auf Arbeit« zu gehen, als Versager und Parias galten. Demgegenüber steht die Heiligsprechung des Arbeiters im Sozialismus, der Arbeit als solcher bei den Protestanten und dem Arbeitsplatz als Ort der Sehnsucht im Versorgungsstaat. Gerade gelesen: Eine Stadtverwaltung rechtfertigt das Aufstellen von weiteren schikanösen Radarfallen mit dem Argument, dadurch würden Arbeitsplätze in der Arschbreitsitzerbude gesichert. Anderes Beispiel: Wochenlang ging ein Jammern durch die Medien, als die Drogeriehölle Schlecker endlich pleiteging. Es wurde den Arbeitsplätzen hinterhergetrauert, statt sich darüber zu freuen, dass niemand mehr sein Leben für so einen Scheißladen verschwenden musste. Selbst bei den hedonistischen Grünen rechtfertigt die Schaffung von Arbeitsplätzen fast alles, solange sie nicht selber dort den Tag vergeuden müssen. Auf der

anderen Seite wird für bedingungsloses Grundein-
kommen und höhere Hartz-IV-Sätze gestritten – Le-
bensformen, die ohne Lohnarbeit auskommen. Wohin
soll's denn nun gehen? So viel ist gewiss: Die Produk-
tivität unserer Gesellschaft hängt nicht davon ab, dass
hunderttausend Spaten-Paulis einen Bahndamm auf-
schütten, sondern davon, dass wenige hochqualifizierte
Kräfte die Innovationsmaschinerie weiter befeuern.
Wie also hält man den restlichen Besatz der mittel-
europäischen Taiga bei Laune? Blödmann-Fernsehen,
Fußball, Shopping-Sucht hilft – aber der beste Haft-
platz für den latent nörgelbereiten Bürger ist immer
noch der Arbeitsplatz. Da steht er unter ständiger Aufsicht, sozialer Kontrolle, und der Kopf hat zu tun. Ein
ganzes Volk in Lohnabhängigkeit ist deshalb der Traum
einer jeden Partei, denn wenn er arbeiten muss, denkt
der Mensch nicht darüber nach, wie er um sein kleines
Leben beschissen wird.

MONOGAMIE

Bei Bier würd's vielleicht funktionieren

Monogamie: auch so eine lästige Erfindung der Menschheit. Wie die Straßenverkehrsordnung funktioniert sie
leidlich gut, weil sie kein Mensch wirklich einhält. Bei
einer Autofahrt von mehr als 50 Kilometer im Stadt-
Land-Mix hätte der durchschnittliche Deutsche sein
Punktekonto vollgeladen – würden denn alle Verfeh-
lungen geahndet. Hier zehn Klamotten zu schnell,
dort etwas zu dicht aufgefahren, einem Fußgänger den

Vogel gezeigt – was man halt so macht, um im Kreise der anderen Vollidioten nicht komplett durchzudrehen. Da geht's in der monogamen Verkehrsordnung weniger hektisch zu: Die Übertretungen sind weitaus seltener, wenn sie denn aber ans Tageslicht geraten, hagelt es Breitseiten. Da werden berufliche oder zumindest finanzielle Existenzen vernichtet und Kontaktsperren zum eigenen Fleisch und Blut errichtet – alles nur wegen der beschissenen Natur. Denn damit wir uns überhaupt an ein gleichartiges Säugetier binden, bedarf es der Ausschüttung eines Hormons namens Oxytocin. Mutter und Säugling kleben damit zusammen, aber auch Mann und Frau. Wie's die Andersrummen zusammenhält, da rätselt der Biologe anscheinend noch. Die monogam lebende Präriewühlmaus hat den Arsch voll Oxytocin, ihre Cousine, die Bergwühlmaus nicht, die nämlich ferkelt rum wie einst im alten Rom. Injiziert man nun dem hedonistischen Kameraden Oxytocin, ist Schluss mit dem wirren Rumgevögel. Der Mensch – namentlich die männliche Version – ist nun ähnlich gestrickt wie die Prärievariante. Nach sieben Jahren Paarbindung geht der Oxytocinwert in den Keller, das hat die Natur mal so eingerichtet, weil im Pleistozän die Blagen dann schon das Abitur hatten und flügge wurden. Heute bleibt die Fruchtfolge länger im Nest, und Elterntiere hält nicht mehr der Hormonspiegel zusammen, sondern der Geist von Stalingrad: durchhalten gegen alle Vernunft. Wenn die Welt dann nach einem weiteren Jahrzehnt sexueller Dürre wieder mehr Vorstellung wird als eiserner Wille, bricht der Trieb durch die Asphaltdecke der Konvention, und angewelkte Politiker oder Generäle bespringen, was ihnen vor die Flinte gerät. Wer will es ihnen verdenken, zu Hause wohnt ein großes warmes Tier, das ihnen vertraut erscheint wie ein altes Sofa – aber wer treibt's schon mit einem alten Sofa? Um die eruptive Entladung nach Jahrzehnten stählerner Monogamie zu vermeiden, erfand der Mensch die Scheinheiligkeit: Geliebte, Seitensprünge, Eine-Nacht-Ständer oder »Ich-muss-heute-länger-im-Büro-bleiben-Schatz«-Ausflüchte. So funktioniert die monogame Welt bis heute nach dem Prinzip des Sich-nicht-erwischen-Lassens, und ein jeder wurschtelt sich irgendwie durch, genau wie im Straßenverkehr. Doch das moralische Provisorium hat bald ein Ende. Wir alle werden zu monogamen Bergwühlmäusen, denn die Wissenschaft hat festgestellt, dass Oxytocin als Spray, täglich oben in den Zinken reingeblasen, verhindert, dass unten die Gurke sich außerehelich einen blasen lässt. Schöne neue Welt – wieder ein Spaß weniger!

NICHTRELIGIÖSE GEFÜHLE

Zentralrat der Aufgeklärten in Deutschland

»Ich fühle mich in meinen nichtreligiösen Gefühlen belästigt.« Seltsamerweise hört man diesen Satz nie, obwohl das göttliche Geschwurbel allmählich beängstigende Ausmaße annimmt. Da reden äußerlich ganz normal wirkende Mitbürger in meiner Gegenwart von Wesen, die es offensichtlich gar nicht gibt. Da werden Ansichten und Handlungsweisen damit begründet, dass es genauso irgendwo aufgeschrieben stehe und der Autor gar kein Mensch sei, sondern wieder dieses merkwürdige Wesen. Ich bin ja durchaus bereit, eine gewisse Nähe zum Irrsinn zu tolerieren, aber man muss sich doch nicht vollkommen lächerlich machen! Über das Programm des neuen Papstes wird selbst in seriösen Medien gesagt, es würde in enger Abstimmung mit Gott entworfen. Dass der Papst selber diesen Unsinn glaubt, geht vollkommen in Ordnung, denn sonst wäre er ja arbeitslos, aber mir möge man doch bitte nicht so einen Bären aufbinden. Verarschen kann ich mich alleine. Meinetwegen können Menschen so viel religiöse Gefühle haben, wie in dem Hohlraum zwischen ihren Ohren Platz findet – es gib Schlimmeres. Zum einträglichen Miteinander in einem modernen Gemeinwesen gehört allerdings, anderen nicht mehr als nötig mit seiner spezifischen Jenseits-Macke auf die Nüsse zu gehen.

Dreiste Lüge auf Kosten von Behinderten.

Nicht draußen rumlaufen wie eine Vogelscheuche, keine schwachsinnigen Druckwerke verteilen, keine Menschen in die Luft sprengen, nur von Manitu reden, wenn man ausdrücklich darum gebeten wird. Wird all das eingehalten, bleiben meine nichtreligiösen Gefühle unversehrt. Im Gegenzug bin ich dann auch gerne bereit, diesen ganzen religiösen Kram um mich herum einfach schweigend hinzunehmen. Das Grundgesetz garantiert die freie Religionsausübung, die freie Nichtreligionsausübung allerdings auch. Ein neuer Papst ist eine tolle Sache und für dessen Anhänger bestimmt genauso ein irres Gefühl, wie es der Triple-Sieg für Bayern-Fans war – das freut mich für alle, denen es ein paar Endorphine zusätzlich ins System bläst. Mir ist es aber egal. Da kann man auch mal Rücksicht drauf nehmen.

ALKOHOL

Pro mille contra bonum

Der Widersprüche sind gar viele in unserer trauten Gesellschaft, einen der merkwürdigsten aufzuzeigen ist mein heutiges Begehr. Aber jetzt Schluss mit dem schwülstigen Geblubber: Es geht ums Saufen. Also ums richtige Saufen, das von Alkohol. Wie einige vielleicht aus eigener leidvoller Erfahrung wissen, sinkt der zugestandene Alkpegel beim Chauffieren eines PKW kontinuierlich. Zurzeit sind's offiziell 0,5 Promille, aber wer sich drauf verlässt, ist der Angeschmierte, so viel zur Rechtsicherheit in diesem Lande. Sollte nämlich ein Schutzmann der Meinung sein, das Fahrverhalten sei auffällig – sagen wir mal tatsächlich 30 fahren, wo 30 auf dem Schild steht –, dann darf schon ab 0,3 Promille die Fleppe kassiert werden. Wird man – beim folgenden Wort bitte laut lachen – unschuldig in einen Unfall verwickelt, womöglich absichtlich übergemöllert, und hat als Opfer schlappe 0,2 Promille auf dem Kessel, dann gilt man als mitschuldig weil zum Teil unzurechnungsfähig. So, und jetzt schauen wir uns die Sache mit dem Alkohol in der Rechtsprechung mal von anderer Seite an. Hat man zum Beispiel seinen Eherochen mit der Axt geviertelt und war so schlau, sich vorher eine Flasche Doppelkorn ins Gedärm zu schütten, dann ist man sogar voll unzurechnungsfähig. Das steigert aber nicht die Strafe, sondern mildert sie. Wie das? Verkehrsopfer mit ein, zwei Bieren im Pansen werden an die Kandare genommen, vollbreite Mörder hingegen in Schutz. Da sträubt sich das Rechtsempfinden des derzeitigen Nichtmörders ein wenig, und er stellt folgende Überlegung an. Sollte ich demnächst von einem Wachtmeister im PKW angehalten werden wegen angeblich beobachteter Verhaltensauffälligkeit und habe leichtsinnigerweise nur ein Glas Wein getrunken, dann wird aber ruck, zuck vom Rücksitz eine Pulle Krambambuli gefingert und stehend eingeflößt. Jetzt noch schnell dem Verkehrsförster die Bleispritze aus dem Holster gerissen und – krawumm! – das Licht ausgeblasen. Warum? Als sturzbetrunkener Affektausknipser können wir uns nun der Mildtätigkeit des Gerichts sicher sein. Ein kleines Problem liegt vielleicht in der Person des Opfers: Beamten genießen ja einen besonderen Umnietungsvorbehalt seitens des Gesetzgebers, solche wie uns darf man wesentlich ungesühnter in den einspurigen Timetunnel befördern. Wie dem auch sei, eins ist gewiss: Die angebliche Alkoholfahrt, die zu all dem führte, gerät bei einem Kapitalverbrechen leicht ins Hintertreffen. Wir kommen natürlich in den Knast, werden dort professionell ohne Zuzahlung therapiert, behalten den Führerschein, die drei Punkte in Flensburg sind auch weg, bis wir wieder draußen sind, und mit etwas Glück wurden wir in der JVA zum Mediengestalter oder staatlich geprüften Event-Manager ausgebildet. Na, Blut geleckt? Dann Prost. Alkohol – es kommt eben drauf an, was man draus macht.

DER GROSSE KNAST

Utopie gar nicht mal so nirgendwo

Es gibt keine Utopien mehr, die großen gesellschaftlichen Leitbilder sind tot. Kein vernünftiger Mensch glaubt mehr an den Kommunismus, die Gleichheit aller Menschen oder auch nur die gerechtere Verteilung des Wohlstands auf Erden. Nicht mal Sahra Wagenheber will noch das Klo auf halber Treppe für alle – lieber frisst sie mit dem alten Salon-Linken im Saarland Kaviar aus der eigenen Dose. Die einzig verbliebene, halbwegs realistische Vorstellung von der Zukunft der Menschheit haben die Zeugen Jehovas: Das große Strafgericht kommt – irgendwann is Schluss mit lustig! Und obwohl sich niemand traut, es öffentlich zu sagen, steuern alle Gesellschaften, besonders so hochentwickelte wie die unsere, einem unterschwelligen Ideal entgegen. Diese Gesellschaftsutopie ist der große Knast. Immer mehr wandelt sich die hiesige Menschenansammlung in eine Lebensvollzugsanstalt. Jedes Zucken ist reglementiert, und für jede noch so kleine Übertretung gibt's was auf die Mütze. Hier nicht rauchen, dort nicht parken, Müll zwölffach sortieren und trennen. Die Kacke, die nach dem Besuch beim Griechen in der Kloschüssel liegt, ist als Sondermüll zu entsorgen. Ausgehverbot für Männer nach 22 Uhr ist nur noch eine Frage der Zeit. Überall lauert eine Webcam, und nicht nur Google und Fratzenbuch habe längst ein Bewegungsprofil über uns angelegt. Was noch fehlt an Infos, stellt die verblödete Datenkrampe freiwillig selbst ins Netz. Und wenn die Halbe-Hähnchen-Partei »Piraten« nicht schon im Embryonalstadium abgetaucht wäre, dann hätte man sich schon bald nach den Trotteln von den GRÜNEN zurückgesehnt.

Ja, so schaut er aus, der virtuelle Gesamtknast, auf den wir uns zubewegen. Kein Ort, nirgends, über dem nicht eine Drohne kreist und ausspäht, was wir so treiben hienieden auf dem Planeten, den wir uns einst untertan machten. Von außen werden wir aus dem All fotografiert, und in uns drin hat der Onkel Doktor heimlich mit der letzen Tetanus-Spritze einen Nano-Chip implantiert. Der gehört der Krankenkasse, einem Tiefkühlpizza-Produzenten oder wer sonst noch über unser Inneres Bescheid wissen will und die Penunzen auf den Tresen gelegt hat. Doch siehe, erhebt der Romantiker seinen Finger, die Gedanken aber sind frei. Denkste! In deinem Hirn läuft jetzt folgender Film: eine bunte Frühlingswiese mit Tausenden von Schmetterlingen, dann kommt ein Hubschrauber, rattatatatatata, reißt die Luke auf und wirft einen großen Kübel Hundescheiße ab. Sag nicht, dass du das jetzt nicht vor Augen hattest. Und wenn ich das schon schaffe, was vermag dann erst RTL II oder die Regierung?

GUT UND BÖSE

Gar nicht mehr so leicht zu unterscheiden

In Meck-Pomm und auch vereinzelt in Sachsen sind braune Biobauern aufgetaucht, also Nazis mit Ökosiegel, den grünen Daumen zum Deutschen Gruß erhoben. Wie gemein vom rechten Rand! Die Nazis haben wohl vor gar nichts mehr Respekt. Erst machen sie uns die Springerstiefel und das Lonsdale-T-Shirt madig und nun auch noch den handgeformten Ziegenkäse. Stell dir vor, du gehst bewusst und aufgeklärt in den Bioladen, kaufst ein paar bei Vollmond abgepellte Maiskolben und ahnst nicht einmal, dass dahinter der Bio-Nazi lauert, der mit dem brutalen Maishäcksler dem fremdländischen Kukuruz die Köpfe absäbelt. Und des Nachts schleicht ein anderer brauner Bursche auf sein Kürbisfeld, um allen Kürbissen Schnäuzer aufzupinseln oder Kopftücher umzubinden. Mit dem deutschen Spaten wütet er auf dem Acker, zerschmettert Kopf um Kopf, nur um aus den Kernen wertvolles Kürbiskernöl für die ahnungslosen Selbstgestrickten in den Reformhäusern zu gewinnen.

Die heile Welt des bewussten Essers ist beschädigt: braune Biobauern, Hilfe! Schon melden sich besorgte Bürger, die gesehen haben wollen, wie sich Nazis Energiesparleuchten kaufen. Dürfen die das überhaupt? Gehört die Energiesparleuchte nicht zum linken Kulturgut? Ist es nicht schon schlimm genug, dass es Schwule in der FDP, ja sogar in der CSU gibt? Gehört nicht schwul sein zum linken Selbstverständnis? Alte Gewissheiten gehen verloren: Wird es schon bald einen Gesprächskreis aufgeklärter Faschisten in der NPD geben, in dem über soziale Gerechtigkeit diskutiert wird? Werden Frauen in Führungspositionen genau solche Riesenarschlöcher sein wie Männer? Wer sind denn die Guten, wer die Bösen? War nicht Adolf Hitler genau wie Mahatma Gandhi Vegetarier? Und ist nicht der Kampfpanzer Leopard 2 besser gedämmt als ein Niedrigenergiehaus? Wenn man den Mais in die Tanks unserer Autos kippt, ist das gut gegen den Klimawandel, und in Afrika breitet sich die Sahara nicht so schnell aus – aber das ist dem Afrikaner scheißegal, denn er ist schon tot, weil unsere Autos ihm den Mais weggefressen haben. Und wie ist das mit braunem Zucker, kommt der auch von den Nazis oder wird er fair gehandelt aus Jamaika importiert? Ist die Nussschnitte mit radioaktiven Nüssen aus Skandinavien schlimmer oder besser als die mit Nüssen aus China, die von Kinderhänden geknackt werden? Ach scheiße – gib mir noch'n Bier! Aber eins von hier!

VERSORGUNGSLÜCKE

Früher nannte man es »Leben«

Der demographische Wandel beginnt schon sehr früh, so ab 35 Lenzen etwa mit einer Versorgungslücke im Hirn des Bundesblödmanns nebst Begattin. Ab da nämlich macht er sich im Wesentlichen nur noch Gedanken darüber, wie er seine fetten Jahre ab 60 fristet. Vorbei die Zeit, in der noch 70-Jährige Unternehmen gründeten und voller Tatendrang in die Zukunft blickten, besser als siches Dahingreisen war es allemal. Heute dagegen soll das Rentenalter ja eine richtige Sause sein:

mit eigenem PKW, dem Winter auf Malle und die halbe Woche mit Fahrradhelm am langen Arm im Wartezimmer des Facharztes rumscharwenzeln. Aber anstatt in Verzückung zu geraten, geht die Angst um vor der Versorgungslücke, den dunklen Jahren zwischen Fettlebe

Super Logo für den Laden, wo hab ich das bloß schon mal gesehen?

und Moderkiste. Was wird sein, wenn man sich kein eigenes Auto mehr leisten kann? Uaarhhhhhh, Hilfe, Mobilitätslücke! Was wird sein, wenn man zu klapprig ist, um am teuren Eigenheim noch auf die Leiter zu steigen? Alarm: Dachrinnensaubermachlücke! Das ganze Alter ist eine einzige Lücke – wohl dem, der es schafft, passgenau abzukratzen, also: Just in dem Moment, wenn der letzte Happen Riesterrente verzehrt ist und der Tank im Mercedes A-Klasse leergefahren ist, zack, fällt Opa tot von der Leiter. So erfüllt kann das Leben sein, wenn sich ein Mosaiksteinchen ins nächste fügt und nirgends eine Lücke lässt für das Unvorhergesehene – früher nannte man es Leben. Ob nun das Rentenalter gar so schröcklich ist, voll drohender Altersarmut und Pflegenotstand, will ich mal dahingestellt lassen. Allein dessen gemutmaßtes Eintreffen lähmt schon eine Generation davor, was sag ich, »eine«? Ist das Bibbern vorm demographischen Wandel nicht schon Gegenstand der Pädagogikanstalten? Eine ganze Gesellschaft macht sich zur Geisel der eigenen zusammenphantasierten Zukunftsszenarien, statt in jedem Alter tatendurstig in den nächsten Tag zu blicken. Gibt es etwas Erbärmlicheres als dieses junge Ehepaar aus der Werbung, das sich beim Sparkassenvertreter ein drittes Loch in den gemeinsamen Arsch freut, weil endlich die Versorgungslücke bis zum Verwesungsfrieden geschlossen ist? Da wünsche ich noch alles Gute bei der Abwicklung der Restlaufzeiten im Leben und viel Erfolg beim Rückbau der irdischen Hülle.

FACEBOOK

Auch schon wieder total verprollt

Sehr schön, es ist so weit: Facebook ist der Kaufhaus-Parka oder die Baumarkt-Jeans unter den sozialen Netzwerken, um es mal in der Sprache der analogen

Heckenpenner zu formulieren. Im Zenit seiner Verbreitung angekommen, fällt es gleichzeitig in den Abgrund der Uncoolness. Das ist weder Zufall noch Schicksal, sondern das Gesetz jeder Mode-Infektion, insbesondere einer, die zuerst Wirtstiere im Teenie-Alter befällt. Wenn Rolf-Dustin den eigenen Erzeuger dabei erwischt, wie dieser um seine Gefolgschaft bei Facebook barmt, dann kotzt er auf sein iPhone. Hip Teens don't wear blue jeans, wenn die beim eigenen Alten um den Hängearsch schlabbern, und cool cats treiben sich auch nicht dort im Netz herum, wo die Fade-out-Generation Jugend simuliert. Spätestens seitdem Germanys Next Top Trottel Peter Altmaier seinen täglichen Verdauungsstatus durch die Welt hustet, ist Twitter unter Coolness-Aspekt obertot, genau wie das Merkel-Medium SMS. In der digitalen Welt schwindet der Hipness-Faktor in atemberaubender Geschwindigkeit. Mark Zuckerberg – vorgestern junger Wilder, gestern Börsenliebling, heute Establishment – verteidigt auch nur noch seine alten Pfründen. Noch ehe neue digitale Begegnungsstätten wie Tumblr sich bei uns durchsetzen, sind sie am anderen Ende der Welt schon wieder out. Die Coolness-Tsunamis rasen mit ständig größerer Geschwindigkeit um den Erdball, und auf jeder Welle mitzusurfen verschlingt immer mehr Zeit des analogen Lebens, für das unsere Anwesenheit auf diesem Planeten ja ursprünglich mal gedacht war. Kann man ohne einen Account bei Facebook, Linked-In, Xing, Tumblr, Lepra-VZ oder was es alles sonst so gibt, überhaupt noch existieren? Sicher, und man kann sogar freudig beobachten, wie deren Leichen mit den Jahren an einem vorübertreiben. Dass sie es irgendwann tun, steht außer Frage, denn nichts ist so alt wie die Gegenwart von gestern, sie trägt sogar einen eigenen Namen: Vergangenheit. Und da landet alles einmal. Was aber wäre wirklich cool? Ein soziales Netzwerk, das um seine eigene Endlichkeit wüsste und sie als programmierten Sterbevorgang einbezöge. Nur wer rechtzeitig stirbt, erlangt das ewige Leben, nicht aber wer sich an irdisches Blendwerk klammert. Armer Mark Zuckerberg, auch du bist nicht anders als Kim Jong-un und all die anderen Verzweifelten.

GESUND LEBEN

Führt auch in den Tod

Was denkt wohl der Veganer, jung an Jahren, kurz bevor der Lkw-Reifen ihm den Schädel zerdrückt: »Scheiße, da hätte ich genauso gut weiter Fleisch fressen können.« Man weiß es nicht, ob in der Stunde des als zu früh empfundenen Todes einen das enthaltsame und gesunde Leben nicht doch noch reut. Immer ist nur von jenen die Rede, die gesoffen, gequarzt, rumgehurt und gefressen haben wie die Besenbinder. Wenn diese dann mit kaum fünfzig Lenzen den Arsch zukneifen, heißt es: »Siehste, das hamse nu davon, ätsch, jetzt sindse tot.« Gut, nicht schön, doch wissen die wenigstens, weshalb. Schlimmer ist es doch, sich jedes Vergnügen versagt zu haben, und trotzdem klopft schon in des Lebens Hälfte Gevatter Krebs an die Hintertür. Rauchen und Saufen ist Selbstmord auf Raten, wissen eifrige Leser der Apotheken-Umschau, und zwischen den Zeilen wird damit gesagt: »Wie kann man nur so blöd sein.« Vergessen oder besser verdrängt wird aber, dass das ganze Leben Totschlag auf Raten ist, und ob das jetzt so viel besser ist, steht dahin. Auch richtig ist: »Wer länger lebt, ist länger krank«, sowohl in absoluter als auch in relativer Lebenszeit. Dennoch strebt der Mensch nach möglichst ausgedehnter Verweildauer auf dem Planeten und zum Beispiel nicht nach einem optimalen Abkratztermin. Lediglich die unsentimentalen Versicherungsstatistiker wissen, wann es wem an den Kragen geht. So ist ein untrainiertes, rauchendes und versoffenes Schwein meist das bessere Risiko als der abstinente Körnerpicker. Wenn der Ökogreis noch jahrzehntelang mit seinen Altersgebrechen die Kasse drainiert, ist der andere schon kurz und knapp dahingeschieden, womöglich in dem zufriedenen Bewusstsein, sich auf Erden nichts versagt zu haben. Noch mehr Zufriedenheit entstünde wohl, wenn auf allen Genussmitteln das lebensverringernde Risiko gleich aufgedruckt würde. Auf den Tabakschachteln nicht etwa diese Todes-Lyrik, sondern konkrete Zahlen, zum Beispiel: »19 Zigaretten dieser Marke verringern ihre Lebenserwartung um etwa 36 Minuten.« Auf der Schnapspulle hieße es dann: »0,75 Liter Asbach Uralt bringt Sie der Ewigkeit eine Stunde näher.« Zieht man nun von der durchschnittlichen Lebenserwartung seines Jahrgangs und Geschlechts die bereits verrauchten und versoffenen Minuten ab, so ließe sich recht einfach der Point of No Return fürs eigene Dasein ausrechnen: ab da lohnt sich gesundheitsbewusstes Leben einfach nicht mehr, im Gegenteil. Ist man erst mal statistisch tot, dann raucht und säuft es sich endlich ganz ungeniert und frei.

WASSER

Der Salat unter den Getränken

Selten wurde das Nichts so erfolgreich vermarktet wie beim Wasser. Obwohl es für schlappe fünf Euro im Monat gesundheitskompatibel aus fast jedem deutschen Wasserhahn perlt, schleppt Manfred Mustermann das Zeugs kistenweise in seine Furzgarage. Das Stille, das Medium, mit viel, mit wenig Natrium, mit Wasser aus den Tiefen der Vogesen säubert er das Rektum und die Prothesen. Fehlt nur noch, dass er sogar den Kot mit Felsquellwasser durch den Siphon jagt – aber halt: Wird auch obenrum mit Wasser geaast und umweltketzerisch über Hunderte Kilometer etwas per LKW herangeschafft, das genauso gut aus dem Tiefspüler hätte geschnorchelt werden können, gilt im Aftermarket just das Gegenteil. Da muss Wasser gespart oder besser im Gebrauch vermieden werden. Mit gerade mal einem Schnapsglas voll Wasser versucht eine kleine, völlig überforderte Toilettenspülung den feisten Schnitzelschiss des Familienoberhaupts in den Orkus zu jagen. Bestenfalls bis zur ersten Krümmung des Kackestutzens reicht der Schub von zwei Zentilitern H_2O, und dort lauern anderthalb Kilo Männerfäces so lange, bis sich ein Spartastenmuffel ihrer erbarmt. Zwischendurch fermentieren und zementieren die Broncos so vor sich hin, um schlussendlich im städtischen Canal Grande eine unauflösbare Vermählung mit dem Scheißerohr einzugehen. Auf der Erdoberfläche aber dinieren die Herrschaften und verlangen nach der Wasserkarte zum Wein, wählen womöglich einen vulkanischen Quell mit schwach sulfidem Abgang, während drunten in der Ka-

23

nalisation sich die fette Ratte am nicht fortgeschwemm-
ten Kote labt. Wie vieles in unserer postrationalen Gesellschaft hat auch der Gebrauch und Nicht-Gebrauch
von Wasser eine religiöse Dimension. Anderthalb Liter
müsse man trinken pro Tag, sonst vertrockne man bei
lebendigem Leibe, trompeten die Gesundheitsquack-
salber in den Medien. Und weil man sich auf so eine
Analogscheiße wie Durst besser nicht verlässt, erinnert
alle halbe Stunde die Trink-App daran, wieder an der
Plastikpulle zu nuckeln. In der guten alten Zeit, als
Wasser noch zum Wischen da war oder höchstens als
Aufblähmedium für Nudeln, warben schon die Bier-
brauer und Whiskysieder mit der besonderen Qualität
des von ihnen verwendeten Quells. Heute hat man den
Alkohol ganz weggelassen und verhökert uns den Rohstoff pur oft zum Preis des einstigen Veredelungspro-
dukts. Aber wenn Wasser genauso so teuer ist wie Bier,
was treibt Menschen dazu, das schiere Ausgangsmate-
rial wegzulutschen? Wir fressen ja auch nicht die Hüh-
ner aus der Batterie, sondern warten, bis Pangasiusfilet
daraus geworden ist.

DIE GUTEN

Endsieg des Altruismus

Obwohl der Mensch vom Ursprung her sich selbst am
nächsten steht und auf die Mitreisenden durch den Lauf
der Zeit gut und gerne verzichten könnte, möchte er im
Selbstbild doch ein Guter sein. Selbst wer sein Leben
lang ein Raffke war und sein Imperium aus aller Knech-

te Länder zusammengeklaut hat, ja, auch diese gierige Krampe dürstet es im Zenit seiner Vermögensanhäufung nach moralischer Anerkennung. Ein halbes Leben lang wurde der Schatz gemehrt durch Kinderarbeit, Umweltkloaken und Abholzung des tasmanischen Nacktnasenwombats, doch urplötzlich – Turnikuti, Turnikuta – verwandelt sich die bourgeoise Drecksau in Papa Theresa, der den Schwarzhäuten eine Wasserstelle buddelt oder was mit Kindern macht. Kaum einer von ihnen schafft es, die Profitmaximierung bis zum letalen Zapfenstreich eiskalt durchzuziehen. Da werden Stiftungen in die Welt geschissen, einerseits um das Vermögen vor der eigenen nichtsnutzigen Brut zu retten, aber auch um sich in den letzten Jahren noch ein paar Ablassbriefe fürs moralische Leumundszeugnis zu sichern. Alsbald im Nachruf soll es schließlich heißen, was er für ein Wohltäter und großzügiger Spender war. Das Egon-Füchtenschnieder-Haus für moderne Kunst – so die Hoffnung – möge stets überdecken, welch widerlicher Stinkstiefel der alte Füchtenschnieder im Grunde zeit seines Lebens wirklich war. Der Verdacht liegt nahe: Offensives Engagement für die Allgemeinheit im Herbst des Hierseins will der Lebenskotze mit einer Sahnehaube doch noch den Gestank nehmen. Was ist denn so schlimm daran, den einmal und so erfolgreich eingeschlagenen Weg eines Riesenarschlochs bis zum Ende durchzuziehen? Sagt dann Petrus an der Himmelspforte: »Du, du du, du kleines Arschloch musst leider draußen bleiben, ab in den Heizungskeller zum Pferdefüßigen!« Wohl kaum. Vermutlich glaubt auch der Lebensendzeitspendable weder ans jenseitige Elysium noch an einen himmlischen Escortservice aus willigen Miezen. Warum also dieses feige Rumgebarme vor dem Gutsein! Nächstenliebe, Altruismus oder wie immer man es nennen will, setzt sich am Ende doch noch durch? Oder wird andersrum ein Schuh draus? Wer so stinkreich ist, dass er sich vor dem eigenen Scheißgeld ekelt, der gibt es eben für eine Schönheitsoperation am Gewissen aus. Die kostet zwar ein paar Prozent vom Vermögen, aber danach müffelt die Restvaluta nicht mehr annähernd so stark. Und nur darum geht's.

BETREUUNGSGELD

Fluppenknete fürs Prekariweibchen

Es tut sich was in der Gewährung staatlicher Zuwendungen. Die schon vor Jahren aus Brüssel den Landwirten gezahlte Bracheprämie für nicht bewirtschaftete Ackerfläche setzt sich jetzt auch im sozialen Bereich endlich durch. Vorreiter ist das Betreuungsgeld, das bekommen jene, die keinen Krippenplatz für ihre Brut beanspruchen, sondern die weitere Erziehung ihrer Altföten erst einmal ein paar Jahre brachliegen lassen – und dafür die Stilllegungsprämie einstreichen. Recht haben sie, das ist leicht verdientes Geld, und wie soll auch aus einem kleinen Prekarierwelpen ein rauflustiger Halbstarker werden, wenn er das negative Beispiel des Altrüden nicht ständig vor Augen hat. Auch für unsere hintergründigen Migranten bietet es sich durchaus an, den juvenilen Kalmücken noch eine Weile im Schoß des heimischen Mittelalters zu halten, bevor er in die brutale Wirklichkeit des deutschen Sozialsystems entlassen wird. Doch da haben die kühlen Rechner aus der bildungsfernen Mergelschicht ihre Rechnung ohne den Wirt gemacht – denn das Brachegeld wird auf die Hartzer Knete angerechnet. Ätsch! Es nützt mithin wenig, den kleinen Deubel jahrelang an Mutters Brust zu säugen und dafür hundert Euronen Fluppengeld von Mama Staat einzustreichen. Wem aber hilft es denn da überhaupt, wenn nicht den Prekaris? Wem wohl: Mutti aus dem Mittelstand selbstredend. Hundert Kracher reichen zwar kaum, um den Porsche Cayenne auch nur zur Hälfte zu betanken, aber besser als in die hohle Pradatasche geschissen ist es allemal. Da freut sich's Edelweibchen über die Nichtinanspruchnahmeprämie auch und gerade, da es kaum im schlimmsten Nachtmahr davon geträumt hätte, den kleinen Corvin Amadeus in der Staatskrippe zu verklappen – dorthin, wo sich Klein-Jason und Murat die Fresse polieren. Gelobpreiset sei auch sonst die Weisheit der schwarz-gelben Heroenschar: Endlich hat sie begriffen, dass man als Regierung weit besser zurechtkommt, wenn man den Doofen die staatlichen Leistungen nicht gewährt, sondern ihnen den Anspruch darauf für 'nen schmalen Euro abkauft. Krankenversicherung ade! Wer sich zu Hause selbst betreut bei ohnehin irreparablem Siechtum, kriegt einen Hunni von Mutti obendrauf. Ich jedenfalls denke ernsthaft darüber nach, auf das staatliche Verteidigungsmonopol meiner Person durch die Bundeswehr zu verzichten und mir meinen Anteil daran auszahlen zu lassen. Macht bei 28 Milliarden Verteidigungshaushalt geteilt durch 81 Millionen Nasen schlappe 345 Euro pro Jahr oder fünf Schachteln Kippen jeden Monatsersten. Damit lässt sich's haushalten und wenn der Iwan kommt, kauf ich ihm sein AK 47 noch für 'nen Tausi ab, V-Fall erledigt.

Ist doch auch schon was.

FERTIGLASAGNEFRESSER

Sie leben mitten unter uns

Der Semite frisst kein Schwein, der Germane keinen Hund, der Sinto scheut die Pferdewurst, dem Hindu kommt beim Rinderbraten die Galle hoch. Andererseits: Die Meersau wirft der Latino auf den Rost, den Wauwau haute sich vor hundert Jahren sogar der Sachse noch in den Wanst. Rationale Gründe, das eine Tier zu essen, das andere jedoch nicht, gibt es wenige. Ob Pferd, ob Kuh, ob Schaf oder Karnickelbock – immer rein mit dem Viehzeug ins Gedärm. Lediglich der Verzehr von Landbeutegreifern wie Wolf, Hund oder Mensch ist wenig sinnvoll, brauchen diese doch bis zur Schlachtreife ein Vielfaches dessen an hochwertiger Nahrung, was sie selbst nach dem Tode zu geben imstande sind. Drum frisst bei uns keiner den Hund, und den Menschen auch bloß, wenn er sowieso schon tot gewesen ist – und auch dann nur aus religiösen und anderen Wahnvorstellungen. Das tote Pferd hingegen ist lecker und gesund, verdient mithin ein besseres Los, als verscharrt zu werden. Was man von der Fertiglasagne nicht gerade behaupten möchte. Was sind das für Menschen, die voller Ekel im Dschungelcamp den Prominiden beim Kerbtierknabbern zuschauen, sich nebenbei aber Schichtkotze in der Mikrowelle anwärmen? Der ganz gewöhnliche Lebensmittelskandal ist der zwischen den Skandalen und findet jeden Tag in Millionen deutscher Wohnungen statt. Die Familie – Keimzelle der Gesellschaft –, wird tagtäglich verseucht! Da sind Gammeldöner, Schleuderküken, Analogkäse und Klebeschinken nur die Spitzen eines Fleischbergs, dessen größte Masse unter der Bewusstseinsoberfläche lauert. Gäbe es eine Religion, die den Verzehr von Fertiglasagne tabuisierte, ich wäre geneigt, ihr beizutreten. »Lasagne in Pferdefleisch entdeckt«, das wäre ein Skandal nach meinem Geschmack. Eine Schlagzeile, die ich auch gerne läse, lautete: »Ethikkommission geißelt den Einsatz von Pfannengyros in Afghanistan.« Bei uns wird der Dreck gefressen, koste er, was er wolle. Und selbst so unwiderlegbare Tatsachen, dass ein Rührei aus dem Tetrapack nicht schneller fertig ist als selbst gemacht, hält die vorgekochten Trottel nicht vom Kaufe ab. Was also tun? Aufklärung hilft da wenig, man kann nur hoffen, dass

So werden virile Geronten in die Ablebe-Residenz gelockt. Wir sagen »Pfui!«.

Rattenkot im Tiramisu aus dem Plastikbecher entdeckt wird und Stapelkotze nicht nur Pferdefleisch enthält, sondern der alte Luigi Lasagne dort selbst seine letzte Ruhestätte gefunden hat. Mahlzeit!

VOTEN UND SCHWARMINTELLIGENZ

Kacken als Ausdrucksform

Wenn vollkommen losgelöst von jeder Argumentation und Logik Entscheidungen herbeigeführt werden sollen, dann nennt sich das »Voten«. Seinen Ursprung nahm es in der Welt des Ballaballa-Fernsehens, und da war es wirklich auch völlig wumpe, welcher von den aufgebahrten Hirntoten zum Sieger eines Grölwettbewerbs gekürt wurde. Weil das aber so schön einfach ist und zu schnellen Resultaten führt, wird jetzt überall gevotet, selbst da, wo es um mehr geht als darum, die Klappstühle zwischen den Hafensängern auszusortieren. Organspende, Atomenergie und Homo-Ehe oder die Frage, ob Ulan Bator bei den Sat.1-Nachrichten eine Hornbrille tragen und wie die neue Hunziker-Göre heißen soll. Das geht die Idioten einen Scheißdreck an, und deren Voting zur Organspende interessiert mich auch nicht, es sei denn, es ist deren Ganzkörperlebendspende für die Pathologie. Wenn sehr viel und ganz doll gevotet wird, dann nennt sich das »Schwarmintelligenz«. Wenn ganz viele Fliegen auf einen Haufen scheißen, nennt sich das komischerweise nur »ein Haufen Fliegenscheiße«. Dem Konzept der Schwarmintelligenz liegt die Vorstellung zugrunde, eine überkritische Masse an Halbidioten summiere sich irgendwann nicht zu einem Vollidioten, sondern zu einem Riesenschlauberger. Aber wieso hat sich der Schwarm dann nur beim bekloppten Viehzeug wie dem Hering durchgesetzt, nicht aber beim Delphin? Wieso leben Heuschrecken in Schwärmen, Wölfe aber im Rudel? Wieso schwärmen zwölfjährige Mädchen von Justin Bieber, nicht aber 80-jährige Nobelpreisträgerinnen? Wäre die Unschärferelation oder das zweite Gesetz der Thermodynamik auch durch Voten entdeckt worden, wenn möglichst viele teilentfaltete Großhirnrinden auf den Gefällt-mir-Button gedrückt hätten? Eher nicht, denke ich, die Voting-Made würde sogar die Schwerkraft leugnen, wenn sie sich dadurch nicht so fett vorkäme. Dreht der Schwarm komplett am Rad, so nennt sich das nicht mehr Intelligenz, sondern Shitstorm, je nach Heftigkeit auch Naziterror oder Dschihad. Wenn ganz viele Leute dasselbe tun – etwa beim Feueralarm auf die eine winzige Notausgangstür zulaufen – dann entsteht dabei nicht Schwarmintelligenz, sondern Massenpanik. Wenn noch mehr Menschen glauben, alles hier auf Erden sei vom Großen Spaghettimonster oder sonst wem in sechs Tagen erschaffen worden, so nennen sie das zwar Intelligent Design, in Wirklichkeit ist es aber Schwarm-Idiotie. So ist das mit der Intelligenz, sie wird eher weniger, je mehr Leute ihre Synapsen im Gleichschritt auf und zuklappen. Und sie ist wie ein guter Hefeteig: Man darf sie nie zu früh aus dem Ofen holen, sonst fällt sie in sich zusammen – dann hat sich's ganz schnell ausgevotet.

BRÜCKEN SCHLAGEN

Was haben sie uns denn getan?

Das Pfaffengeschwätz ist zur Lingua franca der öffentlichen Äußerung geworden. Ob in TV-Quasselrunden oder mahnenden Zeitungskommentaren – überall regiert der Morbus Käßmannensis: Methapherngeblubber mit Einverständnis-Automatik ohne Sinn und Verstand. Da soll man »die Hand reichen«, »Gräben überwinden« oder gar »Brücken schlagen« zum – sagen wir mal – Islam. Klaro! Wird gemacht! Zwischen den Kulturen müssen auch auf jeden Fall ohne Ende »Brücken gebaut« werden, zwischen den Geschlechtern erst recht. Und wenn alle Brücken zwischen allen Gegensätzen auf der Welt endlich errichtet sind, dann entsteht das Eiapopeia-Paradies, in dem Lamm und Salafist, Rehkitz und Revanchist einträchtig nebeneinander auf der Blümchenwiese liegen. Das Schlimme an diesem Geschwätz ist nicht der darin zum Ausdruck kommende Wunsch nach Konsens und Frieden, sondern die Stigmatisierung des Konfliktes als solchem. Es gibt tatsächlich auf Erden jede Menge Gegensätze, die unüberbrückbar sind, und im besten Falle können sie nebeneinander existieren, ohne dass sich deren Vertreter die Köppe einschlagen. »Good fences make good neighbours«, wie der Brite mit seinem untrüglichen Sinn für die Realitäten bemerkt. In der besonders beknackten Diskussion um das frühkindliche Vorhautschnitzen stellte sich zum Beispiel nicht die Frage, ob das richtig oder falsch ist, sondern wo der Zaun steht, hinter dem man es toleriert: Reicht bereits die Zugehörigkeit zu einer Religion, oder ist es doch eher der

Geltungsbereich des Grundgesetzes? Zu gänzlich anderen Auffassungen über das, was richtig oder falsch ist oder wie man ein »gottesfürchtiges« oder »gottloses« Leben führt, möchte ich keine »Brücke schlagen«. Und vor allem möchte ich nicht, dass einer von der anderen Seite rüberkommt, sei er nun Kreationist, Scientologe oder ein sonstiger Spinner. Mit gegenseitiger Toleranz wäre schon viel erreicht, denn Toleranz bedeutet, etwas auszuhalten, das man nicht versteht. Schon von diesem Punkt sind die meisten ferngelenkten Verdauungssysteme auf diesem Planeten meilenweit entfernt.

Vielleicht sind die salbadernden »Brückenschläger« aber auch gar keine gutmeinenden Trottel, sondern abgefeimte Umarmungs-Imperialisten, die die Welt moralisch auf Linie bringen wollen – und zwar auf ihre. Wie anders ist dieser aussichtslose Demokratisierungswahn des Westens zu erklären, noch jedem Volk von Analphabeten die Segnungen des Parlamentarismus bringen zu wollen? Ist es im Zeitalter der Globalisierung schlicht nicht mehr auszuhalten, wenn nicht alle Menschen auf Erden dieselben letztgültigen Werte teilen? Ich weiß es wirklich nicht, nur so viel scheint mir evident: Philipp Lahm gehört zu Deutschland, und hier soll jeder nach seiner Façon selig werden – am liebsten da, wo es niemanden stört und ohne eine Brücke zu mir. Die »Brücke« als Metapher hat durch den Film von Bernhard Wicki ohnehin etwas gelitten und ist außerhalb des »Wortes zum Sonntag« nicht mehr hinnehmbar. Die Brücke, wenn sie schon in den Mund genommen werden muss, sollte Ersatz für gezogene Zähne sein und kein Bild für den Umgang mit Konflikten.

TODESTRIEB DER PROMIS

Immerhin

KT zu Guttenberg hat es getan, Michael Schumacher tut es noch immer, Harald Schmidt ist es zur Lebensaufgabe geworden, Thomas Gottschalk merkt nicht mal, dass er's tut, aber Bettina Wulff plus Gatte waren darin die Größten: die Selbstdemontage – der Todestrieb der Promis nach Überschreiten des Karrierehöhepunkts. »Wenn's schon nicht für die Weltherrschaft reicht, dann säge ich mir selbst den Ast ab, auf dem ich sitze«, das scheint das Motto des Autokannibalismus bei den Stars von gestern zu sein. Ein Leben im Lichte der Öffentlichkeit souverän ausklingen zu lassen gehört jedenfalls nicht zu den Plänen eines Thomas Gottschalk. Als hätte das ARD-Desaster noch nicht genügt, setzt er sich auch noch mit Trash-Tycoon Ditze Bohlen in eine Furz- und Tittenshow. Wird Günther Jauch das demnächst auch so machen? Anne Will, Florian Silbereisen, Markus Lanz und all die Heroen der Glitzerwelt – müssen sie sich alle irgendwann in einem Anflug von Selbsterkenntnis dafür bestrafen, was sie dem Publikum angetan haben in all den Jahren? Wird das Dschungelcamp als Endlagerstätte für Promimüll noch ausreichen? Großes Lob gebührt Bettina Wulff, die als Seiteneinsteigerin ins Promi-Panoptikum den Image-Selbstmord auf eindrückliche Weise vorgeführt hat. »First-Jammertrine«, »Bravo-Girl aus Bellevue« sind nur zwei der neu hinzugewonnen Titel. Wollte es zuerst scheinen, als habe sie durch ihr Dementi das Gerücht von der Vergangenheit im Rotlichtmilieu überhaupt erst in die Welt gesetzt, so wendete sich alsbald das Blatt. Der attraktiv verruchte

Schein von Pretty Women erlosch, was blieb, war das Bild von einer Ego-Zicke, die zur Unzeit dem bereits am Boden liegenden Gatten noch eins mitgab. Das ist fürwahr die hohe Schule der Selbstdemontage. So viel letzte Plätze kann ein Michael Schumacher gar nicht einfahren, so weit hinten auf der Fernbedienung kann ein Harald Schmidt gar nicht landen, wie Frau Wulff es mit ihren Lebenserinnerungen in einer Woche geschafft hat. »Platz eins der Sachbuch-Bestenliste« – in dieser Aussage befanden sich mindestens drei Fehler. Herzlichen Glückwunsch, Deutschland!

DAS URWELTMONSTER

Homo sapiens penetratiensis

Neben Schnabeltier und Quastenflosser hat sich nur noch der Mann als letztes Wesen aus der Urzeit in die Gegenwart hinübergerettet – doch seine Zeit ist abgelaufen. Er weigert sich standhaft, um nicht zu sagen »ständerhaft«, nach Ablauf seiner Fortpflanzungspflicht, also ab etwa 35 Lenzen, sein Gelege durch einen befreienden Schnitt im U-Bereich stillzulegen. Nichts da, die Keimzellen produzieren weiterhin das Gendergift Testosteron und machen aus dem Mann ein sabberndes Urweltmonster. Statt die Frau als kastrierte Arbeitsdrohne in ihrer Karriere zu unterstützen oder wenigstens frühmorgens das kleine Schwarze aufzubügeln, starrt das Monster ihr auf die sekundären, tertiären und paläozänen Geschlechtsteile. Und weil der stinkende Büffel irgendwann in seiner Phylogenese

Elf Würstchen unter dem Deckel eingeschlossen – ein qualvoller Tod.

das Sprechen gelernt hat, brabbelt er dazu auch noch zotige Sprüche vor sich hin. Selbst Männer über 60 verweigern sich der längst überfälligen Ei-Entnahme und betrachten sich noch als vollwertige Mitglieder der Horde. Nur zu verständlich, dass sie von der herrschenden Klassefrau als sabbernde Lustgreise und lächerliche Schrumpelpimmel beschimpft werden. Hätte der Mann noch etwas Ehre im Leib, beendete er sein unwürdiges Dasein auf Erden durch einen zeitnahen Freitod. Immerhin trinkt er zu viel Alkohol, meidet Vorsorgeuntersuchungen und kratzt dementsprechend früher die Kurve. Dass er trotzdem genauso hohe Krankenkassenbeiträge zahlen muss, geschieht ihm nur recht, dem alten Stinkstiefel. Warum findet er sich im Restdasein auch nicht demütig mit der ihm zugedachten Rolle als Vernutzungsopfer ab? Das Wesen aus dem Pleistozän will einfach nicht wahrhaben, dass seine Epoche definitiv vorbei ist. Noch paaren sich die Letzten ihrer Art wie Müntefering, Berlusconi, Lafontaine oder Hugh Hefner ungeniert mit jungen Weibchen. Noch gilt der stramme Beschäler im Arm eines transklimakterischen Faltenwurfs als etwas geschmacklos – doch die Zeiten ändern sich schneller als der Hormonhaushalt der alten Eber an den Theken dieser Welt. Sie werden es sein, an denen die nahe Zukunft ihr Messer wetzt, und zwar dort, wo sich immer noch – entgegen aller gesellschaftlichen Akzeptanz – etwas rührt. Hasta la vista, cojones viejos!

DATENKLAU

Wenn der Lokusdeckel petzen geht

Wenn es nicht so traurig wäre, man müsste über die Hoffnung, die Datensicherheit und Privatsphäre mit Hilfe von Gesetzen sicherzustellen, lauthals in Gelächter ausbrechen. Die Attacke der Amis und der Briten war der letzte Spionage-Anschlag nach altem Muster: Transatlantische Glasfaserkabel spleißen, huijuijui, wie in einem Agentenfilm aus Zeiten des Kalten Krieges. Die zukünftige Bedrohung ist gar keine mehr, sondern die freiwillige Überlassung aller Daten an jeden, der dafür bezahlt. Der normale Smartphone-Sklave, der alles, was er mit dem kleinen Taschenspion so treibt, unentgeltlich amerikanischen Konzernen zur Auswertung überlässt, macht nur willig vor, was uns allen demnächst blüht. Bald spricht auch unser Auto, unser Lokusdeckel und unsere Mikrowelle mit Silicon Valley, ganz zu schweigen von der Flachglotze. Und es würde mich nicht wundern, wenn nach dem nächsten Routine-Check beim Proktologen auch mein Arsch 'ne eigene okkulte IP-Adresse kriegt. Erst wenn mir bei jedem Öffnen des E-Book-Readers oder des Kühlschranks die vermeintlichen Vorzüge mehrlagigen Rosettenreinigers feilgeboten werden, muss ich stutzen. Über die Kommerzialisierung der Datenströme hat jeder darauf Zugriff, der die Marie auf den Tisch legt, und niemand, der an der modernen Zivilisation teilnimmt, kann das durch eigenes Veto verhindern. Auch wenn man sich weigert, gegen einen Rabatt auf die Kfz-Versicherung ein Tracking-System in seinem PKW installieren zu lassen, ist das eine wertvolle Information. Atomstrom boykottieren, keine Apartheidsapfelsinen aus Südafrika kaufen, nicht in Ländern mit Militärdiktaturen urlauben, was waren das für niedliche Widerstandsformen. Sich der Preisgabe seiner Daten zu widersetzen ist, solange es nicht eine deutliche Mehrheit tut, völlig sinnlos. Es ist ein bisschen wie bei der ersten Volkszählung in den 80ern. Das, was sie wirklich zuverlässig ermittelt hat, sind die Adressen der Volkszählungsgegner. Was tun? Seitdem wir wissen, dass die Cloud ein Bunker in Utah oder Ohio ist, sollten wir den Amis unseren Datenarsch zumindest nicht vormariniert auf den Grill legen.

TALKSHOWS

Laber Rhabarber

Wenn sich mehr als zwei im Namen des Schwachsinns treffen und dieser Laber Rhabarber auch noch im Fernsehen gezeigt wird, nennt sich das Talkshow. In geistig nicht gar so abgestumpften Zeiten wie den unsrigen hätte niemand für möglich gehalten, dass Millionen Menschen allwöchentlich diesem Gequassel beiwohnen. Was sage ich – allwöchentlich – täglich mehrfach und mit einem Gästegesamtverbrauch von 140 Nasen die Woche. Lanz, Beckmann, Jauch, Plasberg, Illner, Will, Lorenzo und weiß der Schinder wer noch so alles heimlich in den Dritten und mit den Dritten talkt und salbadert. Bei 4500 Gästen im Jahr – die Sommerpausen hab ich schon eingepreist – können Norbert Blüm und Walter Sittler gleich sitzen bleiben bis zur nächsten Show. In den Redaktionen geht bereits die Angst um, dass Heiner Geißler irgendwann mal stirbt und Joschka Fischer dann noch nicht so weit abgehangen ist, um den alten weisen Indianerhäuptling zu spielen. Ein guter Gästemix macht die Quote, und der geht so: Man nehme einen Politiker, der 'ne große Fresse hat – Gabriel, Kubicki oder Gysi –, eine mehr oder weniger scharfe Frau, die trotzdem was Intelligentes oder zumindest völlig Bescheuertes von sich gibt, zur Not Sahra Wagenknecht. Und dann noch eine andere Frau, die ruhig scheiße aussehen kann, dafür aber irgendwie betroffen sein muss: alle Moneten futsch, unheilbar krank oder unschuldig Hartz IV, aber akkurat gekämmt. Meist kommen die Betroffenen allerdings nur als Filmeinspielung rein, weil sie entweder zu sehr stinken, die Promis um Autogramme anbetteln oder im Catering alles wegfressen. Auch eine kompletten Irrsinn verzapfende Knallcharge ist immer gut für die Stimmung, weil sich dann die anderen Gäste so schön aufregen, sagen wir mal Claudia Roth oder ein iltisbefreiender Peta-Aktivist, was weiß ich, Hauptsache plemplem. Die Themen einer Rhabarber-Show ergeben sich aus der tagesaktuellen Gemengelage. Also etwa: »Ist die FDP selbstmordgefährdet?« Oder wenn gar nichts los ist, kann man schon mal in den Kalender blicken. Themen wie »150 Jahre Toastbrot« müssen aber mit einem aktuellen Aufhänger hochgepimpt werden: »Sind unsere Kinder deshalb so doof?« Dazu dann folgende Gäste: eine betroffene Mutter, der Geschäftsführer von Harry-Brot und Daniela Katzenstreu. Fällt einem wirklich gar nichts mehr ein, oder hat die Konkurrenz sämtliche Promis abgefischt, dann wird mit beiden Händen in den Schlüpfer gegriffen und etwas Politik untergerührt, damit Wolfgang Bosbach oder wenigstens Cem Özdemir zusagen: »Castor gegen Prostata – 90 Prozent weniger Erektionen rund um Gorleben«. Die Aufgabe des Talkmasters oder seines weiblichen Gegenstücks ist, das Plappermaul aufzureißen, sobald das Gespräch droht, in interessantes Fahrwasser abzugleiten. Großmeisterin dieser Kunst war Sabine Christiansen, aber ihre Wiedergängerin Anne Will ist auch nicht schlecht. Ich freue mich schon auf eine Talkrunde nur mit Talkmastern, die sich gegenseitig pausenlos ins Wort fallen, und mit einem Gespräch, das nur aus dem Satz besteht: »Ich habe Sie vorhin auch ausreden lassen.« Das wäre dann TV-Gelaber als reine Kunstform.

ANSONSTEN ...

... würd ich sagen, fangen wir mit dem Text gleich an

Das sinn- und pointenfreie Gefasel der Mompefresser um uns herum war in dieser bescheidenen Kolumne schon häufiger Gegenstand der Kritik und Bewunderung gleichermaßen. Heute gilt es auf eine – vermeintlich nebensächliche, doch besonders nervtötende – rhetorische Figur der fusselnden Arschmaden hinzuweisen. Dieses Stilmittel ist »der nicht hinreichende Gegengrund«. Es wird immer dann angewandt, wenn ein Gespräch in weiterführendes Verständnis abzugleiten droht. Einfaches Beispiel: Nach einigem Hin und Her verständigt sich eine Touristengruppe endlich darauf, das gemeinsame Mittagsmahl in einem italienischen Restaurant einzunehmen, und ist im Begriff loszutraben. Todsicher meldet sich, sobald diese Entscheidung gefallen ist, ein Klappstuhl mit der alles zersetzenden Formel »Ansonsten hätte ich gedacht, könnte man auch zum Griechen ...« Ach was! Überall dort wo Beschlüsse durch Konsensfindung herbeigeführt werden, tritt das Ansonsten-Arschloch auf. Seine Spezialität ist es, nachdem alles vorbei ist und jedermann aufatmet, den

Entwurf einer Lagereinzäunung mit menschlichem Antlitz (Modell Potsdam).

nicht hinreichenden Gegengrund nachzuliefern. Und wenn es dann keinen routinierten Diskussionsleiter gibt, der dem sofort ein beherztes »Halt den Rand, du Stück Dreck« entgegenschleudert, dann flammt die Diskussion sofort von neuem auf und führt – wenn überhaupt zu irgendeinem – zum gegenteiligen Ergebnis. Es darf vermutet werden, dass sämtliche internationalen Konferenzen, sei es das Kyoto-Protokoll, der G-8-Gipfel oder die wöchentliche Sitzung der Europäischen Kommission, nur so strotzen von Ansonsten-Arschlöchern. Kaum droht am Horizont ein Ergebnis, meldet sich unser Freund und pestet seinen nichtswürdigen Konjunktiv in die Runde. Jede Selbstverständlichkeit, jede Gewissheit kann durch ihn a posteriori zugefurzt werden. Und hat das Ansonsten-Arschloch erst einmal Blut geleckt, gibt's kein Halten mehr: »Der Mensch und der Schimpanse sollen einen gemeinsamen Vorfahren haben, sagste, aha, ansonsten hätte ich gedacht, müssten es ja eigentlich zwei sein, wegen dasses überhaupt zum Geschlechtsakt kommt, und da muss man sich fragen, wer war nu der Schimpanse, der Mann oder die Frau? Also ich für meinen Teil, kann mir jetzt direkt nich vorstellen bei eine Schimpansin, ansonsten andersrum weiß ich auch nicht, die sind doch sehr klein insgesamt, die Schimpansen-Männchen, auch untenrum also von daher ... ansonsten.« Arrrrhhhh, ein Königreich für einen Peacemaker, der dem selbstreferentiellen Geblubber eine Quittung zwischen die Augen postet. Und weil es in jeder Gruppe, bei jeder Diskussion, auf jedem Elternabend, allen Abrüstungskonferenzen und Parteitagen mindestens ein Ansonsten-Arschloch gibt, reicht mir persönlich das Selbstgespräch als zielführende Kommunikation.

ZERSÄGTE FRAUEN

Falsch zusammengesetzt

Vom Varieté kennt man die Nummer bereits: Eine Frau wird in eine Kiste gelegt, dann greift der Illusionist zur meterlangen Säge, und, ritscheratsche, wird das Weib gehälftet. Damit wir's glauben, schiebt der Gaukler sodann die Frauenteile auseinander, und siehe da, beide bewegen sich, als sei nicht geschehen. Ein toller Trick, dachten wir bislang, denn so viel ist doch sonnenklar: Im Geltungsbereich des Grundgesetzes darf man gar keine Frauen zersägen, und im Geltungsbereich der Biologie wackelt der abgesägte untere Teil danach nicht mehr mit den Füßen. Doch die Wahrheit lautet: Die Frauen werden tatsächlich mit dem Fuchsschwanz zerteilt und dann – leider, leider – wieder äußerst schlampig zusammengesetzt. Liegt es an der Vielzahl der Zersägten, dass diese Fehler passieren, oder haben unterer und oberer Teil einfach keine Matching Numbers eingeschlagen. Jedenfalls sind diese zusammengefrickelten Doppelfrauhälften täglich in den Fußgängerzonen zu bestaunen: dralle bis fett-kompakte obere Hälfte und dazu falsch montierte, grotesk dünne Stelzen, die vielleicht einem magersüchtigen Teenie gehört haben mögen. Skeptiker der Theorie von den falsch zusammengesetzten Frauenhälften weisen darauf hin, dass viele Mittfünfzigerinnen Arschrückbildungsgymnastik betreiben und deshalb der Bewegungsapparat disproportional zum Gesamtgebäude erscheint. Wieder andere weisen auf ein vergleichbares Phänomen bei Männern nämlichen Alters hin: Auch dort sind raumgreifender Oberkörper und spilleriges Geläuf einander fremd geworden. Die Folge ist, dass die alten Recken immer leicht untermotorisiert wirken, wenn sie sich bewegen. Bei jedem Schritt befürchtet man, gleich sacke das labile Gebilde in sich zusammen. Die zusammengesetzten Frauen mit den dünnen Beinchen hingegen trippeln kackfrech wie ein Chihuahua-Rüde übers Trottoir. Ein letztes Geheimnis aber bleibt weiterhin ungelöst: Die Frauen werden zwar in aller Öffentlichkeit durchgesägt, ohne dass sich jemand drüber aufregte, aber wer setzt sie wieder zusammen und vor allem, warum? Diese entscheidende Frage gebe ich gern an die nächste Forschergeneration weiter.

SCRIPTED REALITY

Der Schein des Seins als Sein an sich

Das Leben etlicher Anwesender auf diesem Planeten insbesondere jener, die durch ausentwickelte Industriegesellschaften wie der unseren schwabbeln, ist von einer narrativen Tristesse, dass es einen graust. Man setze sich nur mal – probehalber – in die Außengastro einer Begegnungsstätte für Tageslicht-Alkoholiker. Was einem dort an pointenlosem Gefussel entgegenbrandet, spottet jedem Spannungsbogen. Diese Leute erleben sicher vieles, aber sind nicht mal ansatzweise in der Lage, das über sie ausgekotzte Schicksal in Satzgefüge zu gießen, die Interesse beanspruchen dürfen. Wer nun glaubt, bei den gebildeten und eingebildeten Schichten sei diese Fähigkeit ausgeprägter, der irrt. Blödes Gelaber ohne Witz und Esprit bestimmt auch hier die außermenschliche Kommunikation. Weil den Fernsehgewaltigen das lahme Dahinvegetieren hierzulande auf den Sack ging, erfanden sie die Scripted Reality. So wird den doofen Hupen etwas Zunder in den fetten Arsch geblasen und deren Daseinsabwicklung halbwegs drehbuchreif. Auswanderer, Mietnomaden, Wohnungsmessies, Frauentäuscher, Landwirte mit Dauerständer und adipöse Riesen-Bovisten – was gibt es nicht alles für interessante Menschen in diesem Land! Das versucht uns die gescriptete Wirklichkeit zumindest weizumachen. In Wahrheit ist auch der Alltag eines gepiercten Sitzsacks mit Hang zum Schmuddelsex nicht aufregender als das Leben der meisten Zuschauer, erst recht, wenn er selbst davon berichtet. Professionell aufgepimpt wird daraus aber ein kleines Grusical für die Vorabendserie. Solcherart an telegene Aufbereitung des Daseins gewöhnt, kommt der Sesselmade das eigene noch beschissener vor. Da gibt's nix Interessantes zu erzählen, das ist einfach stinklangweilig. Und nur Mitmenschen, die nicht rechtzeitig flüchten können – wie die eigene Familie –, hören sich den Scheiß überhaupt noch an. Zöglinge blättern verzweifelt im Smartphone, wenn Vatti aus dem Büro berichtet. Ehefrauen stecken sich derweil Petersilie in die Ohren, und wenn Mama dann loslegt mit ihren Thrillern rund um die Sonderangebote bei Lidl, verwandeln sich alle anderen in gehörlose Einzeller. Um dieser Ausweglosigkeit zu entfliehen, verabschieden sich immer mehr Menschen zumindest am Wochenende aus ihrem Leben. Auf sogenannten LARP-Festivals – zu deutsch: Live Action Role Playing – fuchteln sie als mittelalterliche Huren, Ritter, Wagenknechte mit Plastikprügeln in der Gegend rum oder liegen einfach nur doof im Schlamm – Hauptsache, nicht im eigenen Leben. Die Scripted Reality hat das Fernsehgerät verlassen, und in naher

46

Zukunft wird wohl unser komplettes irdisches Fristen durchgescriptet. Das Bemerkenswerte daran ist, dass wir das alles schon mal hatten: Vor der Aufklärung war das Leben eines jeden vorgezeichnet. Ob Rittersmann oder Bäuerlein, Frau oder Unfreier – niemand konnte seinem göttlich gescripteten Schicksal entfliehen. Ganzjähriges LARP-Festival statt selbstbestimmtes Leben, das ist die Rückkehr in die selbstverschuldete Unmündigkeit, wie schön.

POLITISCHE VERANTWORTUNG

Da lachen nicht mal mehr die Hühner

Wenn Politiker Verantwortung tragen, haben sie des Kaisers neue Kleider an. Einen Scheiß nämlich tragen sie. Für jede Milliarde, die sie ins Nichts hinausblasen, haften sie mit keinem Cent ihrer privaten Schatulle. Wenn Verantwortung tragen bedeutet, dass man für sein Handeln zur Rechenschaft gezogen werden kann, so haben die Volksvertreter das große Los gezogen. Bei individuellen Schweinereien wie Steuerhinterziehung, besoffen Leute totfahren, Erschleichung von akademischen Titeln oder auch mal das Messer in Mamma reinstecken genießen sie – wenn nicht gar Immunität – so doch weitgehend Nachsicht und Wiedereingliederungsgarantie auf Lebenszeit. Bei größeren Schweinereien, die ganze Nationen ins Elend stürzen, wie Euro-Rettungsschirme größer als das Ozonloch und Pleitebanken pampern, da braucht man überhaupt keine Sanktionen zu fürchten. Selbst wenn der ganze Staat zum Deubel geht, reicht's für eine happige Pension ans Schergengesindel von einst. Bekam nicht sogar Markus Wolf nach seiner Zwangspensionierung noch 'ne hübsche Rente

Müssen die Beißer raus, dann bitte in Würde.

vom Klassenfeind? Da bin ich aber froh, dass die Alliierten das mit der Todesstrafe 1945 noch nicht so mädchenhaft sahen, und Goebbels und der GröFaZ sich selber richteten. Während unterm Polit-Clown das soziale Netz noch straff gespannt ist, muss der Untertan selber sehen, wo er bleibt. Das nennt sich Eigenverantwortung und bedeutet, dass man fürs Tun und Lassen und die Folgen entsprechend belangt werden kann. Geringe Chancen, dem zu entfliehen, bestehen in der Wahr-

nehmung eines politischen Amtes, chronischem Besof-
fensein oder jeder anderen Form von Gagaismus, den
sich erlösinvestigative Psycho-Schamanen ausgedacht
haben. Wer dennoch meint, sein Leben halbwegs eigen-
verantwortlich meistern zu können, ohne anderen zur
Last zu fallen, hat die Rechnung ohne die SPD gemacht.
Deren Leitbild ist die Mitverantwortung – jedoch nicht
nur für unmündige Schutzbefohlene und vom Schicksal
Gebeutelte, sondern für jedermann, der zu doof, zu faul
oder auch zu schlau ist, selbst Verantwortung zu tragen.
Diese Form gesellschaftlicher Sippenhaft nennt sich
manchmal »soziale Gerechtigkeit« oder auch »Länder-
finanzausgleich«, kann aber auch als Ausweitung der
Solidarzone für die eine oder andere lustige Balkana-
nenrepublik daherkommen. »Mitverantwortung« klingt
so schön nach kleinen Kindern über die Straße helfen
und so gar nicht nach griechischen Millionären die Po-
perze vergolden. Da können wir doch beruhigt sein,
dass es bei uns Politiker gibt, die mit stolzgeschwellter
Hühnerbrust von sich behaupten, sie »trügen schließlich Verantwortung«. Stimmt! Weit weg, dahin, wo sie
niemand mehr finden kann und wo sie garantiert nicht
mit ihnen in Verbindung gebracht wird.

MÜLL

Nichts ist wirklich weg, es ist nur woanders

Die Hindus haben es schon immer gewusst: Es ist fre-
velhaft und gotteslästerlich, die Zeugen des Verfalls
zu verstecken. Drum schmeißen sie den Müll vor die

Tür und warten stoisch, bis die Ratten sich seiner erbarmen oder noch kleinere Biester den Abfall in winzige Einheiten aufschließen, die allerdings nicht selten
hochgiftig sind und Kollege Hindu dann selber zum
Nachtisch verzehren. Der größtmögliche Gegensatz
zum Hindu, nicht nur in Sachen Leibesfülle und Rin-
dergehacktes, ist der Deutsche. Der ist seinen Göttern
wohlgefällig durch akribisches Mülltrennen, -aufberei-
ten und – wiederverwerten, seine nächsten Verwandten
sind die Fadenwürmer und Fliegenmaden, die wie er
Spaß an Verwesungsprozessen haben. Durch die fleißige
Zersetzungsarbeit der deutschen Öko-Assel wird aus
Müll ein wertvoller Rohstoff, um den sich die Verwerter
balgen. Kommunen, die sich seit Jahren an den Abfalltonnen ihrer Zwangskunden bereicherten, fürchten
nun, sich dem kalten Wind des Wettbewerbs stellen zu
müssen. Denn was die zwangsneurotische Trenn-Assel
da so brav in grüne Punkte, gelbe Säcke und Biotonnen
sortiert hat, verhökert der kommunale Dealer an die
Industrie – nicht ohne seinen Zuträgern trotzdem eine
saftige Müllgebühr abzuknöpfen. Das nenn ich mal ein
feines Geschäft! Noch windiger treiben's nur die Hilfs-
dienste Juanita und Rote Krätze, die ihr Logo an Alt-
kleidersammler vermieten. Da denkt der gutgläubige
Dschörman, sein oller Doppelripper, der zwölf Jahre
brav sein Skrotum wärmte, fräße fortan für lau sein
Gnadenbrot an des schwarzen Mannes Lende, würde
dem quasi umsonst und gnadenhalber zur Verfügung
gestellt. Doch mitnichten. Gespendete Altkleider sind
eine Handelsware wie alles, was der weiße Mann in
irgendwelche Tonnen oder Säcke schmeißt. Jedwedes,
was wir unbedacht fortwerfen, findet in dieser Welt
noch einen Markt. Und dessen Gesetze sind so gna-
denlos wie überall, wo Abfall in Wertstoff verwandelt

wird – der Mensch als Made muss auch sehen, wo er bleibt. Neu im Reigen der Fäulnis-Profiteure sind die Freeganer und Dumpster-Diver, die weniger aus Not denn aus Überzeugung in den Abfalltonnen nach Lebensmitteln wühlen. Containern nennt sich diese etwas unappetitlich anmutende Praxis, der dennoch unser aller Sympathie gehören sollte. Denn im Gegensatz zu ideologisch laut vor sich hertrötendem Ökogehampel wie Biogas und Biosprit vernichten sie keine Lebensmittel, sondern nutzen bereits vernichtete. Könnte mir vorstellen, dass es deshalb bald verboten wird, passt halt nicht in unsere schöne heile Öko-Welt.

DER RUSSE

Kaum zu glauben: Hinter Polen geht's noch weiter

Im frühen Mittelalter machte ein orthodoxer Mönch eine folgenschwere Entdeckung: Wenn man ausgehöhlte Menschen zur Hälfte mit hochprozentigem Wodka anfüllt, dann können sie in der eiskalten Tundra östlich der Zivilisation überleben. Doch nur, wenn man sie zusätzlich mit modriger Wurst und einer blutroten Kohlbrühe füttert, die so klingt wie der Forz, den man danach traditionell lassen muss: Borschtsch. Sind alle satt, holt Väterchen die Kalaschnikow hinterm Ofen vor und schießt unter lautem Juchzen ein paar Salven in die Decke. Wohnen dadrüber Tschetschenen, ist es nicht weiter schlimm, denn die wären sowieso früher oder später erschossen worden. Alle lachen, und im Röhrenfernseher mit Atomantrieb zeigen sie, wie Wladimir

Putin ein paar Oligarchen im Balaleika-See ertränkt.
Jetzt lacht auch die dicke Babutschka. Eigentlich ist sie
sogar zwei, denn wenn man die obere abzieht, erscheint
darunter genau die gleiche nur in kleiner. Das ist sehr
praktisch, weil so viele Russen in einer winzig kleinen
Wohnung leben. Alle paar Wochen muss man die jeweils
obere Babuschka abziehen, damit für alle wieder genug
Platz ist. Das ist immer ein Riesenfest, und es wird noch
mehr Wodka getrunken, und zwar so viel, dass sogar
Opas Pinkelwasser über zehn Promille Alkohol enthält.
Das wird aufgefangen und geht als Krimsekt in den
Export. Alle Russen freuen sich über diese Sauerei, weil
sie es dem dekadenten Westen mal so richtig besorgen,
ohne gleich Atomraketen auf London und Berlin zu
schießen. Das wollen die meisten sowieso nicht mehr,
weil sie dort eine Wohnung haben oder ihr Bruder einen
eigenen Puff. Andererseits könnte es auch in Stalingrad
und Magnitogorsk sehr schön sein, wenn es dort nicht
so scheiße wäre. Drum nennt der Russe seine Heimat
gerne »Mütterchen Russland«. Aber welcher normale
Mensch wohnt schon in seiner Mutter? Vor vielen, vielen Jahren hatten sogar die Russen mal eine Idee oder
jedenfalls fast, denn eigentlich hatten sie die von einem
Deutschen geklaut. Diese Idee nannte sich Marxismus-
Leninismus und war so ziemlich das bescheuertste Ge-
sellschaftsmodell nach der GmbH & Co. KG. Siebzig
Jahre lang gab es nur vergammelte Wurst zu fressen,
und dauernd wurde man abgeholt zum Verhör. Doch das
ist lange vorbei, heute leben die Russen fast wie wir. Sie
fahren richtige Autos und essen bei McDonald's. Und
wenn man sie im Urlaub trifft, wie sie mit einem Teller
voller Koteletts und Kartoffelsalat eine Arschbombe in
den Pool machen, dann freut man sich mit ihnen.

NANU-NANA

Resterampe der Revolution

Gestern hab ich die Energiewende gesehen: bei Nanu-Nana in der Fußizone lagen Atomkraft-Nein-Danke-Sticker neben der Kasse. Endlich ist auch diese politische Bewegung im Heimathafen der bloßen Attitüde angekommen. Immer sind es die identitätsstiftenden Accessoires, die den Weg in die Blödigkeit als Erste weisen. Das Che-Guevara-Poster im Kinderzimmer der Siebziger hatte mehr mit Bravolektüre zu tun als mit Karl Marx und Konsorten. Der um den Hals geschlungene Palästinenser-Lumpen zeugte weniger von der Solidarität mit dem Schwarzen September und der Fatah als von der Zugluft beim Mofafahren. Jede politische Ikonographie ist dazu bestimmt, von der Mode aufgesogen und damit beliebig zu werden. Hätte man Hakenkreuz und SS-Rune nicht durch Verdammnis geadelt, wäre wohl heute nur ein krakeliges Tapetenmuster davon übriggeblieben. Nun also hat's die Atom-Bio-Ökos erwischt. Wenn selbst die CDU den sofortigen Ausstieg aus dem eigenen Wahlprogramm beschließt und die FDP die Parteifarben Gelb und Blau zu Grün zusammenrührt, dann gibt's kein Halten mehr im alles nivellierenden Konsensgekuschel. Ich hab daraus gelernt: Wenn man wirklich wissen will, was in dieser Gesellschaft vor sich geht, muss man keine Politmagazine und Brennpunkte inhalieren, sondern es reicht ein Blick ins Schaufenster von Nanu-Nana – dem unbestechlichen Orakel des Zeitgeistes. Wer hier gelistet wird, der ist in der Mitte der Gesellschaft angekommen. Andersrum: Statt an drögen, niemals zu realisierenden

Parteiprogrammen und noch krümeligeren Grundsatzpapieren zu feilen, sollten die Generalsekretäre der Politvereine lieber zusehen, witzige Geschenkideen bei Butlers, Depot oder Tatütata zu platzieren. Wer weiß, vielleicht hätte es Westerwelle den Arsch gerettet, hätten rechtzeitig blau-gelbe Topflappen in den Auslagen der Krempelkrämer gelegen. Die Politik nämlich versteht die Knalltüte hierzulande eh nicht mehr, da freut sie sich, wenn der sinnlose Konsum die Richtung weist. Schon jetzt freue ich mich auf Claudia Roth als giftgrüne Plüschkröte bei Nanu-Nana und dazu die Castortransporter aus nachwachsendem Plantagenplastik für das Alleinerzogene ab drei Jahre. Schön, dass ich das noch miterleben darf.

BRAVE JUGEND

Affirmation als Widerstand der Generation Knuddelpädagogik

Jugendlicher zu sein war schon immer scheiße: Pickelfresse, Bocksgeruch, Fusseln am Kinn und als Männchen Bewegungsabläufe wie ein durchgefickter Gibbon. Wem gefällt so was? Niemandem, schon gar nicht den gleichaltrigen Weibchen. Hatte man Glück, war der Alte Herr wenigstens Nazi oder ein sonst wie entarteter Stinkstiefel, der seiner Pflicht als Säugetier nachkam, den Nachwuchs beizeiten aus dem Rudel wegzubeißen, damit dieser selbst ein Revier für sich erobere. Waren die Alten gar zu verständnisvoll, so verwandelte sich die Welpenschar in einen Haufen verwarzter Maoisten, die nicht mal die treusorgendste Mutter als Mitglieder derselben Spezies anerkennen wollte. Das alles ist vorbei. Zwar geben sich die Jungspunde auch heutzutage alle Mühe, scheiße auszusehen: Schlabberbuchse mit Maurerdekolleté, Kopfkondom auch in geschlossenen Räumen, Idiotenpseudogangsterlabermusik – allein es hilft nichts. Die Jugendlichen rennen gegen eine unüberwindbare Mauer aus Verständnis an. Sie dürfen auf dem Elternsofa im Wohnzimmer vögeln, Kühlschrank und Barfach lenzen, gar mit der Kebse das elterliche Eigenheim beziehen. Macht alles nichts, ist doch schön, wenn Alexander und Ildico schon so erwachsen sind. Währenddessen brettert der alte Graubart samt fülliger Mama mit der Harley zum Indoor-Rockfestival, zieht noch ein paar Joints durch und tritt aus einer Laune heraus bei der Rückkehr seinem eigenen Mercedes die Spiegel ab. Und wenn Vattern und Muttern danach noch 'nen Absacker saufen und 'ne Scheibe von den Ramones in den Player schieben, kommen Alexander und Ildico schlaftrunken aus dem Zimmer und beschweren sich über den Krach, schließlich müsse man ja am anderen Morgen zeitig aus den Federn, da die Ortsgruppe der Jungen Union eine Wanderung angesetzt habe mit anschließender Diskussion. Papa Erwin, genannt Ernesto rülpst angewidert, woraufhin Ildico angewidert das spitze Näschen rümpft.

Warum sind Jugendliche heute so und nicht wie es sich gehört? Warum fahren sie sich nicht mit Mopeds tot, saufen kaum, rauchen nicht, haben keine kranken Welterklärungsmodelle im Kopf? Ganz einfach: sie sind zu wenig! Sich mit fünf Hanseln zusammenzurotten ist nicht Blockupy, sondern einfach nur peinlich. Und die einzige Art, es den unerträglich verständnisvollen Dreckseltern, die schon mit ihnen über Bedürfnisse diskutiert haben, als sie kaum alleine kacken konnten, heimzuzahlen, sind der Bausparvertrag, der Bachelor in Jura, ein vernünftiger Kleinwagen und das Merkelposter über dem Bett. Was soll's: Papa Erwin mit Che-Guevara-T-Shirt auf dem Sommerfest seiner IT-Firma ist noch viel, viel peinlicher.

DIE FLUT KOMMT

Wasser marsch, Haus im Arsch

Alle Jahre wieder, wenn die Konjunktur zu erlahmen droht, erbarmt sich Mutter Natur des Menschen und flutet ihm den ganzen Krempel Richtung Meer. Baulöwen zerzausen sich schon vor Freud die Mähne: wohin nur mit dem vielen Mammon, wenn wir im Süden und im Osten die ganzen Unterstände für die Leut' wiedererrichten dürfen? Auch für die Siedler dort in den Sümpfen ist die Flut ein Lehrmeister in Sachen ordentliche Haushaltsführung. »Wie, gar nicht gegen Elementarschäden versichert, um ein paar Euros zu sparen, soso, dann gibt's auch jetzt keine Entschädigung, mein Sohn, dann wirst du wohl deinen kalten nassen Arsch unterm Himmelszelt zu Bette tragen müssen«, sagt der kaltherzige Assekuranz-Facharbeiter. Doch Gott Merkel ist ein barmherziger Gott, und all jene Schlauberger, die meinen, so was wie eine Versicherung gegen Hochwasser nicht zu brauchen – denen hilft Mutter Staat mit einer unbürokratischen Sonderzuwendung, die sich »Flutsoli« nennt. Da zeigt man zur besten Sendezeit ein paar abgesoffene Mütterlein in Zwickau, ein Kaninchen, das auf einem Stück Treibholz durch die Innenstadt von

Passau rudert, und schon wagt niemand mehr Sinn und Frucht des Flutsolis anzuzweifeln. In den Tagesthemen sehen wir Big Mutti in gelben Gummistiefeln auf dem Damm aus Sandsäcken paradieren und den Abgesoffenen Unterstützung versprechen. Technisches Hilfswerk und Rotes Kreuz schwärmen aus und finden tausend Gründe, ihre Mittelzuwendungen auch für die nächsten Jahre zu verstetigen. Endlich ist wieder was los in den gemäßigten Breiten. Selbst das salbadernde Wesen aus Schloss Bellevue fischt nach neuen Worthülsen, um den durchnässten Mitmenschen auf die Nerven zu gehen. Vergessen sind auch für einen Moment die kapitalen Verbrechen des Riesensteuerhinterziehers Staat, wenn man sieht, wie emsige Gefreite der Bundeswehr im ARD-Brennpunkt Sandsäcke stapeln. Ja, es ist ein einzig Helfen und Betreuen allüberall, die Solidargemeinschaft läuft zu Hochtouren auf, und nicht wenige sind in diesem Moment wieder ein bisschen stolz auf das Land, in dem sie wohnen. Doch in den Schmuddelküchen der Politik kochen schon die populistischen Scharlatane ihr Süppchen auf den brodelnden Wassern: Wem nützt das Elend am meisten, Regierung und Opposition? Steigen die Chancen der FDP mit dem Pegel der Donau, oder schwinden sie reziprok zu dessen Anstieg? Das und nur das interessiert die Bande – und natürlich, in welche neuen beknackten Projekte man den Flutsoli stecken kann, wenn die Pegel wieder sinken. Denn so viel ist gewiss: Gott der Herr vergibt, aber Mutter Staat rückt niemals wieder etwas raus.

FINANZEXPERTEN

Talkshow-Schamanen

Es geht das Bonmot, dass die Psychoanalyse genau die Krankheit ist, die sie zu heilen vorgibt. Um wie viel mehr gilt das für die Welt der Finanzen! Ganz unten auf der Hühnerleiter stehen die Anlageberater der Geldhäuser vor Ort: Scharlatane und Heizdeckenverkäufer übelster Sorte. Ihre noch übleren Vettern sind die Finanzoptimierer. Sie verhalten sich zum Anlageberater wie der Pitbullterrier zum Zwergpudel. Beide scheißen dir vor die Tür, aber der Erstere beißt dir noch zusätzliche Löcher in den Arsch. Auf der nächsten Stufe folgen die Vermögensverwalter, die zu treffen mangels prallem Portfolio kaum einer von uns das Vergnügen haben wird. Sind die bereits Genannten schon ein Haufen übelster Sand-in-die-Augen-Streuer, so betreten wir ab jetzt den Bereich absoluter Esoterik. Da sind zuvörderst die Analysten, die das Kaffeesatzlesen zur hehren Wissenschaft erkoren haben. Analysten sagen Geldmarktentwicklungen voraus, von denen selbst die Akteure bisher keinen Schimmer hatten und die deshalb als Selffulfilling Prophecys gelten. Diesen Job kann jeder Scheinriese ausüben, dessen Hals breit genug für einen doppelten Schlipsknoten ist. Abseits des Tagesgeschäfts – schon im Olymp der nur noch betrachtenden Geld-Schamanen – sitzen die eigentlichen Finanzexperten. Sie geben ungefragt den Regierungen Ratschläge, treffen sich zu Währungskonzilen und anderen Bunga-Bunga-Gelagen, um danach die eine oder andere Warnung oder Untergangsvision abzusondern. Sie sind Teil der üblichen Polit-Folklore, und wenn alljährlich zum

Beispiel die »Fünf Wirtschaftsweisen« ihren Sermon abreihern, interessiert das keine Sau. Schlimm wird's nur, wenn eine Volkswirtschaft so verludert ist, dass die Politiker sich nicht anders zu helfen wissen, als auf den Rat der Finanzexperten zu hören – wie in Griechenland. Wie und ob auch immer die missliche Lage dieses afrikanischen Staates auf europäischem Boden zu lösen ist, mit den Ratschlägen der Finanzexperten ist es sicherlich nicht getan. Eher wäre ein Drogentherapeut zu Rate zu ziehen, der Erfahrungen mit mehrfach rückfälligen Alkoholikern hat. Oder auch ein Staatsrechtler, der nachweist, dass der ganze südliche Müllhaufen auf dem Balkan juristisch betrachtet immer noch zum Osmanischen Reich gehört – ätsch, Erdogan, da hastes zurück. Oder vielleicht sollten so beliebte griechische Pseudo-Erwerbsquellen wie Olivenanbau oder Gyros-schnitzerei als Religion anerkannt werden? Eins funktioniert jedenfalls nicht: den Zazikis noch mehr oder auch noch weniger Geld zu überweisen – denn mit Geld, gleich in welcher Menge, können sie einfach nicht umgehen. Wie wär's mit Reissäcke abwerfen oder was man sonst so mit gescheiterten Staaten macht?

NACH ASCHERMITTWOCH

Fängt der nächste Irrsinn an

Als Papst Gregor der Große im siebten Jahrhundert nach Geburt seines Erlösers die 40-tägige Fastenzeit ersann, da trieb ihn sicherlich nicht die Sorgen um das Wohlergehen seiner Schäfchen um, im Gegenteil: Er wollte ihnen eins reinwürgen. Genau wie einst Jesus in der Wüste sollte auch der Christenmensch 40 Tage darben, um – durch Hunger leicht meschugge geworden – den Unsinn der Kirche leichter verdauen zu können. Nicht in den Sinn gekommen wäre den kirchlichen Scharlatanen das, was einige heute »Heil-

Totenkult an der Imbissbude – manchmal reichen auch schon 15 Minuten, um von dem Fraß aus den Latschen zu kippen.

fasten« nennen – und auch praktizieren. Dazu fresse man gar nichts, ramme sich aber alle zwei Tage ein Klistier mit lauwarmer Seifenlauge in den After, um die Darmwichtel mangels Nahrungszufuhr an der Zerstörung des eigenen Lebensraumes zu hindern. Hintergrund dieser mehr oder minder bekloppten Askese ist die Sorge, der eigene Körper könne eher fertig sein mit der Welt als man selber. Da muss man dem alten Seelen-Container doch mal zeigen, wo Bartel den Most holt – oder eben nicht holt. Drei Wochen, sagen die Heilfaster, könne man ohne Probleme dem eigenen Arsch Mores lehren, und mit etwas Glück spränge auch noch ein diffuses Ballaballa-Gefühl dabei heraus. Na gut, wem's gefällt, sich zu geißeln, soll das ruhig tun. Etwas ekeliger – also jetzt nicht im olfaktorischen Sinne wie die Heilfaster, sondern in ihrer moralinsauren Trübsinnblaserei – sind die Verzichtfaster: 40 Tage keinen Alkohol, keine Fluppen, kein Fickelkram. Und warum nicht? Jetzt kommt's: 40 Tage kein Auto, nicht etwa um auf Schusters Rappen zu gesunden, nein, sondern um auf den ökologischen Irrsinn der Spritfresser hinzuweisen. Ahö! 40 Tage Carne levale – zu deutsch: Fleisch wegnehmen – nicht der eigenen Gesundung zuliebe, sondern um auf die verheerenden Auswirkungen der Massentierhaltung aufmerksam zu machen, wenn nicht gar um den scheiß Planeten zu retten. Darunter macht's der Germane ja nicht mehr.

So ist der Aschermittwoch zur bundesdeutschen Bekloppten-Scheide geworden. Diesseits die zugekotzten Scherz-Hominiden, jenseits die selbstgerechten Bionade-Pisser. Nicht am Aschermittwoch ist das alles vorbei, sondern leider erst am Karsamstag.

FLOHMARKT

Wenn der Müll auf Bewährung ist

Der Parkplatz vor einem Möbelcenter direkt an der Autobahn – jeden Sonnabend ist hier Flohmarkt. Es gibt nichts zu kaufen, es sei denn, man verspürt eine masochistische Lust, den rattigen Hausmüll anderer Lebendgebärender für Geld mit in die eigene Höhle zu schleppen. Flohmarkt heute ist der Abgesang auf Patina, Antiquitäten oder durch langjährigen Gebrauch geadelte Dinge – hier ist einfach alles nur scheiße, müllig und stinkt. Kaum etwas scheint in den letzten vier Jahrzehnten produziert worden zu sein, dass des Aufhebens wert wäre. Zu Beginn der siebziger Jahre muss sich die gesamte Konsumgüterindustrie darauf geeinigt haben, nur noch fabrikneuen Schrott auszuliefern, der maximal zwei Jahre seine wahre Identität verschweigt. Dennoch werden davon Müllhalden in den Kellern und Garagen deponiert, weil man von Opa doch gelernt hat, dass Dinge, wenn man sie pflegt, ein Leben lang halten und man sie sogar noch vererben kann. Da sollte Opa mal versuchen, seinen alten VHS-Rekorder dem kleinen Maik-Dustin zum Geburtstag zu schenken, der wird ihm was husten, wenn nicht gar eins in das Fielmann-Tragegestell dröhnen. Dennoch trennen sich die Menschen nur schwer von dem Schrott und schleppen ihn am Wochenende zu den Möbelhausparkplätzen in der Hoffnung, da kämen konsumhungrige Eingeborene frisch vom Schiff aus Papua-Neuguinea vorbei – die würden sich tatsächlich noch für den alten Kenwood-Receiver begeistern lassen. In der Tat sehen die vorbeiwackelnden Slim-Fast-Vorhermodels immerhin fremd

genug aus für jemanden, der andere Menschen hauptsächlich aus dem öffentlich-rechtlichen Fernsehen
kennt. Brennt das Zentralgestirn nämlich über 20 Grad
vom Himmel runter, dann gewandet sich die durchschnittliche Speckbulette in kaum mehr als zerbeulte
Leibwäsche. Elitepartner.de würde den ganzen Besatz
als Beifang zurück ins Meer schmeißen. Sie wackeln
an den Ständen vorbei, erkundigen sich nach Preisen
für Dinge, die normale Menschen noch nie außerhalb
von Flohmärkten gesehen haben, etwa fotorealisti-
sche Glitzerbilder mit löwenmähnigen Blondinen und
Schlittenhunden. Wenn sie aber was kaufen, dann gern
abgelaufene Fleischwurstpakete oder günstige Bohrer-
sets aus chinesischer Weichstahlfertigung. Ansonsten
amüsiert man sich köstlich, dass hier auf dem Markte
noch feilgeboten wird, was man selbst längst wegge-
worfen hätte. So hat der Flohmarkt immerhin eine so-
zialtherapeutische Funktion – er gibt den Rumschlur-
fenden das Gefühl, noch nicht der letzte Arsch in der
Primatenhorde zu sein.

DER DEUTSCHE WALD

Ist von denen, die dort reinkacken, nur geliehen

Das letzte Hemd hat keine Taschen, und im Sarg steht
kein Regal: Mitnehmen kann man eh nichts von dieser Welt. Selbst die Gräber-Messis aus Gizeh und dem
Tal der Könige wussten mit dem ganzen verbuddelten
Plunder posthum kaum etwas anzufangen. Und warum
horten wir auch den ganzen Plunder? Wenn einem so

wenig Dauerhaftes wird beschert, wieso werden Geld und Eigentum doch so sehr begehrt?

Manches vom Erworbenen lässt sich immerhin noch während der Wachzeiten auf Erden nutzen: schnelle Autos, dicke Brillis, scharfe Miezen. Sogar des Biedermannes erreichbarer Traum, das Eigenheim mit Füllung, entbehrt nicht völlig eines gewissen Spaßfaktors. Wirklich komplett scheiße als Besitz ist nur der deutsche Wald. Man muss ihn für viel Geld erwerben, jährlich Steuern für ihn entrichten, ihn von Schädlingen frei halten, Wege darin pflegen – und dann darf man darin doch nichts, rein gar nichts, obwohl's der eigene ist. Der ganze Wald ist voll von Nichteigentümern, die darin rumlatschen, wie es ihnen gefällt, und kein Stacheldraht darf sie davon abhalten, denn es gilt das freie Zutrittsrecht, leider nicht in deren grinsende Visagen. Spaziergänger, Mountainbiker, Nacktwanderer, Nordic Walker, Hundefreunde, Reiter und rammelnde Liebespaare: Ein jeder nutzt den Wald, der ihm nicht gehört, auf seine Weise. Männer mit großkalibrigen Flinten schießen in deinem Forst, der dir allein gehört, auf alles, was sich bewegt. Sie ermorden deinen unangeleinten Hund, und du kannst nichts dagegen tun. Hast du besonders großes Pech und dein Waldgrundstück liegt näher als zwei Kilometer an einer Schnellstraße, dann scheißen dir die Schweine auch noch ins Unterholz. Begehst du zuweilen dann den eigenen Grund, kleben fremder Menschen Kacke an deinen Sohlen und Reste bräunlich eingefärbten Tempotaschentuchs. Uäääähhh! Was gehört einem also überhaupt an diesem vermaledeiten Gebäum? Nur das Holz, sonst nix, das darf man schlagen, wenn es reif ist, und verkaufen. Doch auch das geht nicht einfach so, wie man will, denn der Wald gehört noch einem weiteren nichtsnutzigen

Pack von Arschmaden: dem Getier. Wenn es dem Herrn Buntspecht gefällt, in einer hohlen Föhre seine Kinderstube einzurichten, gehört der verfickte Baum ihm und nicht dir. Und wenn du ganz großes Pech hast, dann wird dein Eigentum noch zum Flora- und Faunahabitat gekürt, und die ökologische Edelfäule bemächtigt sich des Baumbestandes. Du aber stehst mit deiner verrosteten Kettensäge am Waldesrand und blickst in die grinsende Fresse eines kackenden Pilzesammlers, der dir auch noch die Morcheln stiehlt. Deutscher Wald, jetzt weiß ich, warum du so viel besungen wirst: Denn dich zu besitzen ist bei Licht besehen nichts als eine große Scheiße.

E-ZIGARETTE

Kaum da und schon verglüht

Wie rasend schnell doch die Moden vorbeihuschen: Noch nicht lang ist's her, da stellte der City-Living-Lurch überraschend fest: »Ey fuck, mit dem iPad kann man ja gar nicht rauchen.« Und so kamen die modernen Lemminge auf die Elektro-Fluppe. Sie saßen in Cafés, im Flugzeug in der Eisenbahn und kauten auf einem Kugelschreiber rum, nur ab und zu entwich dem Stift ein winziges Dampfwölkchen. Wir waren Zeuge der jüngsten Innovation auf dem Gebiet »Wie zeige ich meiner Umwelt, dass ich ein Vollidiot bin«. Nachdem pausenloses Gesimse oder iPhone-Onanieren kaum noch die Gemüter erregte, zeugte die E-Zigarette von der Teilnahme am aktuellen Bekloppten-Zirkus. Allein schon die Tatsache, dass die Akku-Kippe einst im finsteren Reich der Mitte entwickelt und auch schon wieder verboten worden war, während sie hier ihren Siegeszug gerade antrat, hätte einem abendländischen Synapsen-User zu denken geben können – wenn die seinen nicht schon längst vernebelt wären. Was dort nämlich angesaugt wird aus dem Sucht-Kuli ist hochkonzentriertes Nikotin, und nach dem elektrischen Oral-Verkehr hustet der Doofkopp sortenreines Frostschutzmittel in die Atmosphäre. Trotzdem boomte der Griffel, weil so schön clean in der Anmutung: keine Asche, keine müffelnden Klamotten und nichts kokelt an, weil beim Rauchen auf dem Scheißhaus morgens keine Glut auf den Schlüpfer fällt. Das Batterie-Gequarze schien eine richtig saubere Sache zu sein. Da nahm man es auch schon mal in Kauf, dass über Herkunft und Zusammensetzung der kleinen Flüssigkeitsbomben wenig bekannt war. Na ja, wie immer wenn lustige Drogen auf dem Markt erscheinen, ob Hitler-Speed oder Spice, heißt es: Erst mal rein in den Körper und gucken, was passiert. Da war die E-Zarette natürlich von anderem Kaliber, denn sie wurde fast ausschließlich von ehemaligen Reality-Smokies gequalmt und hatte damit ein Entwöhnungsimage wie das Nikotin-Kaugummi. In dem festen Glauben, es irgendwie geschafft zu haben, thronte der Elektrosauger selbstbewusst auf dem Erste-Klasse-Gestühl des ICE und teilte seiner Umwelt mit, was für ein famoser, rücksichtsvoller Suchtnippel er doch ist. Noch vor wenigen Monaten musste er sich auf dem Flughafen in einen dieser gläsernen Raucher-Karzer zwängen, aus dem man schon nach wenigen Minuten herauskam wie nach stundenlangem Aufenthalt in einer russischen Machorka-Höhle. Von allen Seiten starrten einen die bigotten Nichtraucher an, als litte man unter nässender

Rosetten-Lepra. Das alles war plötzlich Vergangenheit: Die E-Fluppe hatte den Suchthamster wieder in die Zivilisation zurückgeführt – doch schon drohte ihm neues Ungemach: In Flugzeug, Bahn und Bundesländern, Restaurants und Opern-Foyers wurde die elektrische Qualmerei bald darauf verboten. Also quarzte er nur noch zu Hause. Dazu ein E-Bier ansaugen, die Doppelkorn-App downloaden, und an der Travel-Pussy rumspielen – das ist doch fast wie früher im richtigen Leben.

FACEBOOK TIMELINE

Datenklau mit Erlaubnis der Beklauten

Alle paar Jahre wird eine neue Sau durchs globale Dorf getrieben, und als von vorgestern gilt, wer sie nicht sofort bespringt. Wenn Facebook Timeline startet, werden wieder alle digitalen Nerds ihre Smartphones vollsabbern und – sofern männlich – körpereigenes Eiweißkonzentrat außer der Reihe absondern. »Und immer wieder dabei sein und immer wieder mitmachen«, ruft der Anheizer, und alle steigen ein zur nächsten Runde auf dem Internetkarussell. Diesmal geht's aber richtig ab. In Timeline soll das ganze Leben des Facebook-Delinquenten versammelt sein, von der Wiege bis zur Bahre, von der Theke bis zum Puff. Und alle Freunde können in Echtzeit dabei sein, wenn dem Facebookinisten einer geblasen wird. So schön könnt's virtuelle Leben sein, wenn denn wirklich zuträfe, was sich Mark Zuckerberg so alles zurechtphantasiert. Sicher, man könnte seine ganzen Fotos, Vorlieben, Lieblingssongs und Konsumgewohnheiten im Fratzenbuch verraten, und ich bin sicher, eine Milliarde semizephale Smarthonks tun das auch sofort, besonders die unter 16- oder über 50-jährigen. Daneben wird es aber zwei andere Gruppen von Timeline-Usern geben. Die einen kreieren sich einen eigenen Avatar bei Facebook mit unglaublichen Mister-Universum-Titten oder gephotoshoptem Pferderiemen und Doktorhut. Beides hat mit dem realen Jammerlappen an der Tastatur wenig gemein. Die zweite Gruppe von Nutzern besteht aus Menschen, die noch Spaß daran haben, den eigenen Rechner in der Rübe zeitweise zu gebrauchen. Deren Timeline-Konto strotzt vor unglaublichen Perversionen, abseitigsten Vorlieben auf jedwedem Gebiet: Krümeleggenfetischist verlinkt sich mit Murmeltiermuschifriseur so lange, bis den Marketing-Auswertern bei Facebook die Runkel qualmt. Während das Abendland für so manche schon wieder untergeht, vertraue ich auf die kriminelle Grundversorgung im Netz, die bisher noch jeden Daten-Totalisator ausgebremst hat: MySpace, Second Life, StayFoes und Resteficken-VZ – alles Blödmannsportale von gestern, mit denen sich kein App-Süchtiger von heute mehr brüsten mag. So bin ich zuversichtlich, dass auch Zuckerbergs Zeitleiste vor den Koffer geschissen wird, sobald sich die latent kriminogenen Internet-Heavy-User ihrer bemächtigt haben. Spätestens wenn Facebook mehr als acht Milliarden Mitglieder hat, müsste es auch dem einspurigsten Netz-Apologeten auffallen, dass hier nicht alles mit rechten Dingen zugeht. Bis dahin ist es aber noch weit, erst werden noch sieben Milliarden Vollidioten bereitwillig ihr ganzes Leben und die eigene Seele als Bonus obendrauf dem Teufel umsonst in den Arsch reinschieben.

DIE RESTE VON DEUTSCH

Esperanto migranto und Denglish for runaways

Jüngst ging ein Frohlocken durch germanistische Proseminare, und dem Studienrat schwoll vor Stolz der Wurm: Deutsch wird wieder nachgefragt beim Ausländer, haha. Sieg Heil, Mädels. Rührt euch! Und nicht irgendwelche Schleichkatzen ausm Urwald, die in unsere Sozialsysteme einwandern wollen, bimsen Wörter wie »Asylantrag« und »Widerspruchseinlegung gegen sofortige Abschiebung«, sondern Premium-Fremde: Spanier, Griechen natürlich und Italiener. Im Grunde büffeln die ganzen Olivenfresser rings um die romanische Meerespfütze die Lingua Teutonica, um bei uns im Paradies Steuern zahlen zu dürfen. Hurra, wir sind wieder wer! Und das Allerschönste: Die lernen das in ihrem kaputten Heimatscheißdreckland auf ihre Kosten und kommen dann mit astreiner Berufsqualifikation und zeugungs- respektive gebärfähigen Körpern akzentfrei in unseren Arbeitsmarkt gebrettert. Dort verhalten sie sich geruchsneutral und versuchen, nicht weiter aufzufallen. So mögen wir sie: Einwanderer ja, aber gepflegt müssen sie sein. Nicht so, wie die letzte Welle von Einreislingen, die doof ins Land gekommen und hier auch doof geblieben sind. Da kann es Bildungsgutscheine regnen und Sarrazin nur auf Deutsch erscheinen: Das lockt keinen Levantiner hinter der Burka hervor. Wenn er oder sie sich überhaupt mit unserer geliebten Muttersprache befasst, dann nur, um sie zu verhunzen. Ja, wo kommen wir denn da hin, wenn jeder hergelaufene Nichtdeutsche die Sprache Martin Luthers vollkotzen dürfte? Das machen wir doch lieber selber: Salzletten heißen saltlets, der Käfer New Beetle oder mittlerweile nur noch Beetle und die jüngste Asphaltwanze aus der »New Small Family« des urdeutschen Volkswagens nennt sich UP, in den Versionen Take Up, Move up, Hiph up und Black up, oder mit jede Menge Up-Apps für die Up-Wrackprämie. Diese gequirlte Marketingscheiße entquoll dem Braintank des Chief Executive Officers von peoplecar in Wulfsbörg. Schön, dass wenigstens das Wort »Blitzkrieg« noch Deutsch ist und sogar im Ausland ohne Übersetzung verstanden wird, das ist eben »Vorsprung durch Kriegsbeginn«. Mehr Restsprache, die sich lernbegierigen Ausländern zu lehren lohnte, haben wir eigentlich gar nicht. Sogar der hiesige Türke, ansonsten auf kulturelle Identität bedacht, scheut sich nicht, sein Döner Kebab mit gewürzgeflutetem Schredderhuhn zu füllen und als Chicken Döner feilzubieten. Wenn die Kids aus »My-heimat.de« nicht gerade chillen, sind sie am wii'en – ein Wort, das bis vor kurzem nur Eltern mit verhaltensauffälligen Dyskalkulatoren im Gengebinde kannten. Wir selbst mutieren immer mehr zum Blödmannsgehilfen von Uncle Sam. So gesehen wär's schön, wenn ganz viele Italiener, Griechen, Spanier, Kalmücken, Maghrebiner und wer auch immer ins schöne Schland kämen, damit wenigstens ein paar Menschen hier noch Deutsch sprechen und sich Martin Luther nicht im grave turnen müsste.

FORDERUNGEN AUS DEM SOMMERLOCH

Blödmannspolitik als l'art pour l'art

Ein Sommer besteht nicht nur aus Regen, sondern vor allem aus dem nach ihm benannten Loch. Dabei handelt es sich um eine Meinungs-Suhle für Hinterbänkler, CSU-Schranzen oder sonstige Gernegroße, die auch mal was Bescheuertes in die Diskussion einbringen wollen. Klassiker der Sommerloch-Themen sind NPD-Verbot, Promillegrenze senken und Tabaksteuer erhöhen. Das Verbot der rechten Gehirnhälften ertönt geradezu reflexartig nach jedem ihrer Auftritte. Der Verdacht liegt nahe, dass die Verbotsdiskussion von der NPD selber immer wieder angefacht wird, um als böse Buben im Gespräch zu bleiben. Die Null-Promille-Grenze ist das Lieblingsthema der Verkehrsminister, wo sie doch sonst auch wenig Positives zu vermelden haben im Kabinett. Da bietet sich ein kostenneutrales Unterfangen an, das auch noch angeblich der Sicherheit dient. Noch blöder als der Verkehrsminister ist eigentlich nur noch der oder die Drogenbeauftragte. Da soll das Bier erheblich teurer werden, um die Jugend erfolgreich zu dehydrieren, oder der Klassiker: noch eins drauf bei der Tabaksteuer, damit der illegale Fluppenhandel besser flutscht. Überhaupt ist Steuererhöhung ein Lieblingsthema aller Sommerloch-Beiträger, gerne stets herausposaunt von Super-Siggi, dem populistischen Frontschweinchen der Sozialdemokratie. Selten fehlt im Kreis der sommerlichen Dummschwätzer auch ein Beitrag der Frauenbevorzugungsbeauftragten irgendeiner Regierung. Mein Vorschlag dazu: Die Hälfte aller im Geschichtsunterricht behandelten Personen müssen Frauen sein. Da

71

bekommt der Zweite Weltkrieg unter Leitung von Eva Braun doch noch ein feminines Gesicht. Neu im Kanon der Blödmannsforderungen sind seit einigen Jahren alle, die irgendwas im Internet verbieten wollen. In völliger Unkenntnis der Materie und der Nutzer werden Pseudoverbote gefordert, die nicht die Rechenzeit wert sind, die sie verplempern. Das Gemeinsame aller Sommerloch-Themen ist, das sie bekloppt genug sein müssen, um die Gegner auf den Plan zu rufen. Und dass der eigentliche Grund ihrer Proklamation ist, den Ruhm der nichtsnutzigen Meinungskrampe dahinter zu mehren. Drum für alle, die dort einsteigen wollen, meine Tipps zum Sommerloch: Klassische Themen wählen. Ausländer integrieren oder abschieben, egal, geht beides. Bildung und Jugend: Zwangsbeschulung oder Förderallala, kann man auch kombinieren. Und zu guter Letzt, neu reingekommen in den vergangenen Jahren: Austritt aus der EU, Rückkehr zur Reichsmark, der Nettozahler geht von Bord. Na war was dabei? Ich bin gespannt.

OLDTIMER-TREFFEN

Altes Fleisch trifft altes Blech

Der Mensch ist der technikverliebte Affe, er beißt das Schwein nicht mehr mit eigenen Zähnen tot, sondern nimmt den Bolzenschussapparat, wenn er Appetit verspürt. Er latscht, wenn's irgend geht, auch nicht auf Schusters Rappen durch die Welt, sondern bedient sich dazu eines Radfahrzeuges. Kaum andere technische Geräte sind ihm so ans Herz gewachsen wie jene, die seine Mobilität ins Unermessliche erweiterten. Das Moped ist so schnell wie der Tiger und damit auch der Mensch, der es reitet. Ein Traktor ist stärker als ein Elefant und der, dem er zu Willen ist, demnach auch. Gerade bei Motorfahrzeugen setzt in jungen Jahren eine tiefgreifende Prägung ein, drum möchte der gereifte Mann die Honda Monkey seiner Jugend noch einmal besitzen oder den ersten Käfer, der mit seinen 1200 Kubik so lahm war wie ein angeschossenes Dromedar. Kein heutiges Produkt kann den sentimental überhöhten Gurken von einst emotional das Augenwasser reichen. So schrauben und schweißen sie jahraus, jahrein bis die verschissene Eiterbeule BMW Isetta wieder auf eigenen Rädern steht. »Knutschkugel« nennen selbst ausgeschlafene Männer jeden dieser Motor-Rollatoren aus der Zeit der Entbehrung und strahlen über alle vier Backen, wenn er im Standgas vor sich hin pestet. Doch was jetzt, was damit tun? Damit im Alltag am modernen Straßenverkehr teilzunehmen, ist bestenfalls Leuten mit finaler Krebsdiagnose anzuraten. Also schiebt der »Knutschkugel«-Restaurator die Blechwanze auf einen Anhänger und fährt zu einem Treffen von Gleichgesinnten. Alle Trailer parken in einer Reihe, davor wird gegrillt, und Menschen stehen doof in der Gegend herum. Andere gibt's, die besitzen einen Mercedes SLK oder Porsche 356. Damit kann man natürlich auch im Alltag wenig ausrichten, zumal ständig Gefahr droht, dass ungezogene Blagen ihre Schokolinsen ins Conolly-Leder quetschen – aber immerhin kann man damit auf eigenen Rädern zum Treffen fahren. Am liebsten zu jenen, auf denen auch die Opel-Kadett-Fraktion und die Heinkel-Roller anzutreffen sind, um die gute alte Klassengesellschaft zumindest automobil nachzuerleben. Treffen gibt's den Sommer über für alles, ob Moped, Auto, Traktor, Stationärmotoren, Caravan-Oldtimer oder verrostete Mähdrescher. Hauptsache, man ist unter seinesgleichen und kann der seelenlosen Moderne für einen Sonntagnachmittag entfliehen. Mal sehen, vielleicht fahr ich am Wochenende auf ein Treffen für alte Bolzenschussgeräte und schau beim historischen Schweinetöten zu. Wenn die Sonne scheint, kann das ein schöner Familienausflug werden.

FRÜHLINGSGEFÜHLE

Emotionen hinter Maschendraht

Die Frühlingsgefühle sind auch nicht mehr das, was sie mal waren: An der Autobahn steht ein Schild »Hier entsteht ein Gewerbegebiet zum Verlieben«. Was will uns die Marketingwanze des Autobahnanrainers damit sagen? Ist das Verliebtsein in Wohnbebauung nicht mehr statthaft? Muss man jetzt, bevor es zum Rumpoppen kommt, ins Gewerbegebiet huschen? Ich seh schon Hunderte sprungbereiter Paare in stiller Vorfreude auf den Angriff gegen die jeweiligen Feuchtbiotope in einem Verhau aus Maschendraht aneinander rumkuscheln. Das geht dann aber nicht mehr im »Gewerbegebiet zum Verlieben«, dafür müssen die Fickschwestern dann ins benachbarte »Areal zum Rummachen« wechseln. Mir jedenfalls hat die Idee gefallen, dass eine weitere menschliche Lebensweise aus ihrem natürlichen Umfeld hinaus ins Gewerbegebiet verlagert wurde: Nach dem Fressen bei »Friedhelms American Diner« und einer Runde Zocken im »Golden Asshole Playgame

Casino« wechselt man ins GzV und sucht sich eine Frau zum Verlieben. Da sitzen ein paar Dutzend Asiatinnen auf Europaletten rum – zum Teil noch originalverpackt – und warten auf Kunden, die sich bei einem Zwischenstopp an der Autobahn kurz verlieben wollen. Warum nicht, ist auf jeden Fall hygienischer als das alte Reinraus-Business.

Mutet diese Interpretation des Werbeschildes am Wegesrand schon ausreichend ekelig an, so ist die dahinter steckende Wirklichkeit noch widerwärtiger. Die annoncierende Gemeinde und deren vollhorstige Werbeagentur will uns doch tatsächlich weismachen, dass man sich in ein Gewerbegebiet verlieben kann. In eine bezaubernde Villa mit Seegrundstück – meinetwegen. In ein Penthouse über den Dächern von Zossen, na gut. Aber sich in ein verschissenes Stück Kackfläche an der Autobahn zu verlieben, wo demnächst ein Gabelstaplercenter und ein libanesischer Gebrauchtwagenschieber eröffnen – nä, lass mal stecken. Da glaube ich eher, dass am Ende eines Hardcore-Pornos die Hauptdarsteller heiraten. Und die Frühlingsgefühle werden auch vorerst noch nicht ins Gewerbegebiet verlagert, hoffe ich zumindest.

DIE WELT IST NICHT GENUG

Aber Nachschlag is nich

Es gibt eine stillschweigende Übereinkunft zwischen uns, den fetten Touristen aus den reichen Ländern, und den bitterarmen, mageren Menschen im Süden:

Wir dürfen sie besuchen und anglotzen, in ihrem Meer rumplanschen oder ausm Auto raus Tiere knipsen – das war's dann aber auch. Den Rest unserer Zeit sollen wir in den Pauschalknästen mit den Klimaanlagen blei-

Vogel mit dem bescheuertsten Namen 2013.

ben und Geld ausgeben. Was die dünnen Menschen in den Staubländern gar nicht mögen, ist, wenn man sie kennenlernen und fotografieren will. Es gibt allerdings viele Spinner aus den nassen Ländern im Norden, die glauben, sie seien ganz anders als ihre fetten Landsleute. Also mieten sie sich eine Handvoll Kamele, einen Navi-Neger und zuckeln durch die Savanne, um dort auf ursprüngliche Eingeborene zu treffen, mit denen man über gesunde Ernährung und ein erfülltes Leben diskutieren kann. Absichtlich haben sie nichts dabei, was dort lebende Menschen womöglich tatsächlich bräuchten, sagen wir mal Penicillin, weil das ja die natürliche Heilkunde der weisen Stammesfrauen zerstören könnte, von denen man schließlich ganz viel zu lernen hofft. Warum leiden die Menschen des Urwalds nicht am Burn-out-Syndrom? Hypothese Nummer eins: Sie arbeiten nicht 60 Stunden die Woche als Angestellte in einer verschissenen IT-Klitsche mit lauter paranoiden Workaholics zusammen. Hypothese zwei: Sie trinken vor dem Frühstück ihre eigene Pisse und murmeln dazu ein paar geheimnisvolle Reime. Die Burn-out-Menschen aus den fetten Ländern glauben alle an Nummer zwei. Wieder zurückgekehrt von der Reise zu den Quellen des eigenen Urins, möchten sie ihren Freunden zeigen, wie top ursprünglich es dort unten war bei den einfachen Leuten, und darum wollen sie ein top ursprüngliches Mitbringsel erstehen. Als einer der dünnen Männer einen virtuos geschnitzten Autoreifen heranschafft, den er eigentlich seinem Großvater zum 30. Geburtstag gefertigt hat, lachen die weißen Menschen ihn aus, machen trotzdem viele Fotos, wollen aber nichts kaufen. Da schlägt der Reifenschnitzer einen von ihnen tot.

Als Tage später diese Geschichte in der Zeitung erscheint, fragen sich auch viele aufgeklärte und links eingestellte Deutsche, wozu der Herr die Welt in ihrer ganzen Pracht eigentlich erschaffen hat, wenn man dort nicht mal in Ruhe Urlaub machen kann.

GANOVEN

Armut hat viele Gesichter

Das Ganovendasein war früher auch schon mal vielversprechender. Will man heute seine Existenz auf eine solide kriminelle Basis stellen, kämpft man nahezu vergebens gegen den Trend der Zeit. Apples Eierphone sammelt brav die Daten des jeweiligen Aufenthalts und bastelt daraus ein veritables Bewegungsprofil, unterdessen schläft auch das TomTom-Navi nicht im Fluchtfahrzeug und verpetzt den eignen Lösungsweg an die Schmiere. Was aber viel schwerer wiegt und die Ganovenexistenz ernsthaft gefährdet, ist der Umstand, dass Hans und Franz kein Bargeld mehr bei sich tragen. Früher, ach wie war das schön, da versteckte sich der Räubersmann im dunklen Wald und wartete, dass ein runzlig' Mütterchen daherkam mit prall gefüllter Geldkatze unterm Rock. Zappzerapp wurd ihr das Leben erst genommen und hernach die Barschaft aus dem Unterkleid. Wer in jüngster Zeit schon mal – und sei es nur zum Spaß – einem Mütterchen eins übergebraten hat, um ihr die Dublonen zu rauben, wird zweierlei festgestellt haben. Zum einen sind die modernen Mütterchen wehrhafter, als man denkt, und zum zweiten verfügen sie über ein Girokonto, haben also kaum Bargeld im Strumpf, die alten Gemäuer. Aus lauter Verzweiflung, womöglich sinnlos ein Leben ausgelöscht zu haben, macht sich der Ganove über EC- und Kreditkarten her. Doch noch ehe unser armer Wicht den nächsten Automaten erreicht und mit Hilfe nigerianischer Hackersoftware die Geheimzahl knackt, hat ein widerlicher Opferversteher beide Karten schon online gesperrt. Es ist eine Krux, als Ganove heute noch sein Auskommen zu finden. Bedenkt man, dass dennoch an die hundert steuerfreie Euronen täglich nötig sind, um eine Kleinfamilie durch die Fährnisse des Alltags zu geleiten, ahnt man vielleicht, welch hartes Los heute den Kleinverbrecher trifft. Durchschnittlich nur noch knappe zwanzig Kracher schleppt der deutsche Knilch durch sein bargeldloses und auch ansonsten nicht sonderlich heiteres Dasein. Will sagen: Fünfmal den Tag und fast hundertmal im Monat muss ein rechtschaffener Ganove zum Prügel greifen und einer fetten Bundeströte die Moneten stehlen. Was für ein beschissener Job. Kein Wunder, dass der Anteil von Beschäftigten mit Migrationshintergrund in diesem Gewerbe immer größer wird. Wer könnte das besser verstehen als wir Deutschen. Der letzte Satz ist etwas rätselhaft, aber ich lass ihn trotzdem stehen.

DER TANNENBAUM

Ekeliger, als man denkt

Ja, wir wissen es längst und müssen es dennoch alljährlich wieder hören: Weihnachten ist volles Rohr aber so was von scheiße, da sei dem Geburtstagskind sein weiteres Schicksal nur gegönnt: Glühwein saufen, Gänse fressen, Oma im Ablebebunker besuchen, das schöne Geld an Blagen und den Rochen verplempern – wer mag das schon? Diesen ganzen Stress und Streit, das sinnfreie Gequake aus dem Genpool, daran wären selbst Stärkere als wir zerbrochen. Doch genauso ner-

vig wie die zuckrige Christkindelei ist allmählich das
rituelle Rumgekrittel an Jesu Jubeltag. Neuerdings
auch dabei in der Madigmachung ist der Tannenbaum.
Im Sauerland, wo einst stattliche Fichtenwälder die
Höhen säumten, wüteten die Orkane Kyrill und Sandy,
und aus war's mit des Försters Stolz. Doch statt nun
das Revier, in dem Merz und Müntefering äsen, ord-
nungsgemäß wieder aufzuforsten, pflanzen die Eigner
der Rendite wegen nur noch Weihnachtsbäume an. Da
belfert der Ökorüde durch die Fichtenschonung: »So ja
nun nicht, Sportsfreunde, Monokultur mit Zaun drum
rum? Wo soll sich dann der Schwarzkittel noch verstecken und wo der Buntspecht seine Alte nageln? Der
schöne deutsche Wald, eh nur noch voller Urnengräber
und Mountainbiker, die sich den Arsch brechen – und
jetzt soll der Rest auch noch dem Weihnachtsbaume
weichen? Was für eine Schweinerei.« Wenn Gesetze und
Verbote nicht helfen, weil das Gewinnstreben ein allzu
mächtiger Bundesgenosse ist, muss eine andere Strate-
gie her. Und siehe, sie ward gefunden. Dem Konsumen-
ten muss das Produkt verleidet werden, dann wird es
auch nicht weiter angebaut. Und eh man sich's versieht,
forstet der Förster droben im Sauerland den Forst wieder auf, und wenn Michelle Müntefering erwachsen ist,
ist, dräuen wieder hohe Tannen in den westfälischen
Himmel. Wie aber vergällt man dem Deutschen seinen
liebsten Baum zur Weihnachtszeit? Die Wahrheit über
den üblen Gesellen, hundert Jahre lang verdrängt, kam
endlich doch ans Licht. Der Tannenbaum grünt nämlich nicht nur harmlos zur Winterszeit, er schleppt auch
eine ganze Armada Kerbtier-Migranten in unser trau-
tes Heim. 25 000 Insekten pro Lametta-Tragegestell
sollen es sein im Durchschnitt, darunter alles, was in
der Welt des Ekels Rang und Namen hat: Milben, Ze-

cken, Wanzen – das ganze Besteck. Schnüren Wauwau oder stark behaarte Säuglinge unter der Tanne durch, so sind sie ruck, zuck übersät mit den widerwärtigsten Erregern. Streichelt nun aus Versehen der Weihnachtsmensch einen von beiden, krepiert er elendig an der sauerländischen Beulenpest, noch ehe die Kirchturmuhr zur Christvesper geläutet hat. Drum prüfe man stets sehr sorgfältig, wen man sich zum Fest der Liebe nach Hause holt: Nicht nur Prostituierte können einen infizieren, auch der gute alte Tannenbaum ist nicht ohne.

GASTROSEXUELLE GRILLER

Tofu-Bratling mit Bachblütensenf

Das schwer besteigbare Geschlecht zu betören ist des sommerlichen Rüden vornehmstes Pläsier, allein: Die Biester riechen schnell den Braten und sind darob verstimmt. Was also tun, wenn sich die Triebfeder schon bedrohlich spannt unterm Schlüpfergummi? Da hilft kein Geprotze mit PS-Boliden, kein Gestenze an der Johnny-Walker-Bar, um den Ricken auf den Spiegel zu rücken. Dem Gebrutzel auf glühender Kohle eh nicht abgeneigt, suchte er dem Fleischverzehr noch eine lebende Variante hinzuzufügen. Und so war der Plan: erst den Nacken aufgefressen und dann dem Weib ans warme Fleisch. Doppelter Spaß in einem Aufwasch, und wenn das Weib sich sperrt, kann man immer noch einen zweiten Nackenfladen ins Gedärm prügeln. Ganz schön clever! Dummerweise hapert es mit der

Holden Bereitschaft, sich als Nachtisch auf den Rasen zu spreizen, sobald dem Rüden der aasige Gestank nach gegartem Nacken aus dem Maule kroch. Und so suchten denn die Unberittenen einen weniger animalischen Weg der Betörung. Längst schon gilt unter Männern das aufwendige Köcheln als Vollzugsgarant: mehrgängige Menüs – vorzugsweise ohne Rückwärtsgang – erobern die Bettkante. Exotische Speisefolgen aus ferner Länder Topf und Pfanne, ayurvedische, veganische oder sonstige Schenkelöffnerrezepturen lassen den Koch im milden Licht eines metrosexuellen Frauenverstehers erscheinen. Nur eine Garmethode widersetzte sich bisher diesem weicheiigen Getue: das Grillen. Wir erinnern uns: Da werden blutige Fleischbrocken auf rostigen Eisenstäben schwartig verkohlt und hernach mit Unmengen Dosenbier runtergewürgt. Das ist keine Form der Verlustigung, die das bejagbare Wild von der Zalando-Webseite weglockt. Also erfand der Mann sich am Feuer neu und ward zum gastrosexuellen Griller. Der geschlossene Weber-Gasgrill ist ein »Must-have«, damit man dort schonend einen halben Fisch auf Cherrytomaten-Jus erwärmen kann. Überhaupt gilt die Faust-Regel, dass mit dem Anteil pflanzlichen Grillguts die GV-Bereitschaft anwesender Weiblichkeit wächst. Es ist also gerade umgekehrt wie beim Männchen: Je mehr Eiweißbrocken und Blut er in sich reinschlingt, desto größer treibt der Spargel aus. Um diesem Widerspruch gerecht zu werden, tarnt der gastrosexuelle Griller seinen Fleischbedarf in harmloser Hülle: Jedes dritte gefüllte Weinblatt ist ein Leuchtspurgeschoss und enthält statt Reis ein Stück Currywurst. Manche Tofutasche war im ersten Leben ein Stück vom Schwein. Liegen sich dann am Ende des Abends der Gastrosexist und seine Angegrillte in den Armen, gilt es nur, sie vom Austritt verräterischer Darmwinde fernzuhalten, denn die zeigen unmissverständlich den Carnivoren an.

NOCH WAS DAZU?

Die Welt ist nie genug

Der Wahnsinn ereilte mich in einem McPaper-Shop – damals im Reich hießen die Dinger noch Bürobedarfsgeschäft und wurden von Vertreterinnen fortgeschrittener Trockenpflaumistik vorbildlich geführt. Heute stehen stylische Mittelschulabbrecherinnen hinter der Ladentheke, die keine mehr ist, sondern ein Counter. Ich hatte eine Beileidskarte in der Hand und wollte just mit einer Euro-Münze meine Schuld begleichen, da flötete es aus dem gepiercten Schnabel: »Noch einen Stift dazu, oder haben Sie einen Stift?« Wie jetzt? Warum versucht sie mir nicht auch noch einen Sarg aufzuschwatzen, wo ich doch schon eine Beileidskarte erwarb. An jenem Tage war es das zweite Mal, dass man mir an der Kasse einen Zusatzartikel anzudrehen versuchte. »Nur das oder als Menü?«, ist der Klassiker der Aufschwatzfloskeln, der einst von McDonald's in Guantánamo beim Waterboarding zuerst eingeführt wurde. Nahezu nirgends kann man noch einen Kaffee kaufen, ohne gefragt zu werden, ob man nicht dazu auch den kackebraunen Muffin haben wolle. NEIN, natürlich nicht, denn sonst hätte man ja als mündiger Verbraucher gleich gesagt: »Einen Kaffee und einen klebrigen Hundeschiss bitte.« Gibt es noch

Oasen des Warenaustauschs, in denen man nur und ich
betone NUR das kaufen darf, wonach man verlangte,
ohne und ich betone auch dieses OHNE, dass einem
der versklavte Counterlurch weitere verschissene Zusatzartikel aus seinem Kackladen andrehen will? Jetzt
habe ich mich ein wenig echauffiert. Entschuldigung!
Können Mütter bald keinen Kinderwagen mehr kaufen, ohne dass der Ladenschwengel anbietet, der Frau
auch gleich ein dazu passendes Kind zu machen? »Zusatzartikel andrehen« ist die jüngste Errungenschaft
der stationären Dealer, um noch die letzten Wohl-
wollenden ins Internet zu verscheuchen. Nachdem die
Frage nach der »Playboy Card« oder dem Sammeln von
Pupsi-Punkten nur die Empfindsamen aus dem Einzelhandel vertrieb, entledigt man sich jetzt des Restes.
Nun könnte man meinen, automatische Kassen ohne
sprechenden Bio-Adapter wären die Lösung: Wo keine
Kassiererin, da auch kein Gefasel. Denkste! Es gibt die
Mistdinger bereits, da schiebt man selber den Einkauf
mit dem Preisschild nach unten über das Sicht-Fens-
ter. Doch bevor die Endsumme aufleuchtet, kommt das
übliche Arschmadengeseier des Geräts, das wir bereits
vom heimischen Rechner her kennen. »Wollen Sie den
Einkauf jetzt wirklich beenden?« Selbst wenn man
dann auf den Ja-Button drückt, erscheint noch nicht
die Zahlungsaufforderung, sondern drei »Super-Last-
Minute-Angebote«, die man auch wegdrücken muss,
ehe die Erlösung kommt. Ich hoffe, dass irgendwann
– möglichst noch zu meinen Lebzeiten – ein sensibler
Richter den Einzelhandel wegen Freiheitsberaubung
einbuchtet.

GERUCH NACH FRÜHLING

Ein Märchen aus der Vorstadt

Es ist der Geruch. Die Welt sieht noch genauso scheiße aus wie die Woche zuvor, aber es riecht nach Frühling. Die Natur schüttet ein Pheromon in die Luft, das beim Menschen bis in die unzugänglichsten Höhlen seines Kleinhirns vordringt und dort zu merkwürdigem Verhalten führt. Männer wachen plötzlich aus einem Tagtraum neben ihrem Rasenmäher auf und beobachten sich dabei, wie sie zärtlich über dessen Kruppe streicheln. Vor dem geistigen Auge brettern sie bereits mit dem Aufsitzmonster übers saftige Grün, zu richten die Lebendigen und die Tulpen. Im Inneren der Reihenbutze befühlt Mama kritisch den winterlichen Speckreif unterm gnädig kaschierenden Pullover und fragt sich, ob der insgesamte Auslösereiz – also auch der außereheliche – noch reichen wird für diese Saison. Drunten an der Ecke stellt Luigi die Stühle vors Eiscafé »Da Luigi« und überlegt, ob er in diesem Jahr die Kugel um 20 Cent verteuern oder lieber den Portionierer verkleinern soll. Sein Blick schweift entlang der Reihenhausfassaden und bleibt an Nummer 27 hängen. In dem winzigen Vorgarten steht »Das Arschegesicht« und befummelt den Fangkorb seines Aufsitzmähers. Das ist Luigis Name für diesen Trottel, dessen Frau Brigitte er letztjährig einmal die Woche besprang. Eigentlich war sie gar nicht sein Typ, zu fett, zu durch, zu überhaupt – aber eben nahe bei seiner Eisdiele. Wenn seine Frau zum Einkaufen fuhr, schloss Luigi den Laden für 'ne halbe Stunde und schob eine kleine Numero auf fettes Brigitte – es war nicht so beschissen, wie es sich anhörte. Luigi war fast sechzig, kaum größer als ein mittlerer Jagdhund, da musste man nehmen, was einem vor die Flinte kam. Heute ist der erste wirkliche Frühlingstag, dieser unbeschreibliche Geruch, der bis in die tiefsten Windungen des Hirns vordringt, liegt in der Luft – und auf seinem Weg dorthin werden etliche Synapsen im Rechenzentrum ausgeknipst. Luigi blickt noch immer zu Hausnummer 27 rüber, Arschegesicht streichelt noch weiter den fetten Hintern seines Aufsitzmähers. Wie in Trance hängt Luigi das Schild »Bin gleich wieder da« vor seine Ladentür und schleicht wie ein rolliger Kater zu den rückwärtigen Gärten der Reihenhäuser. Später wird Helmut Switalla den Beamten erzählen, es hätte so ein wunderbarer Geruch nach Frühling in er Luft gelegen, und da wäre er reingelaufen, um seine Frau zu fragen, ob man womöglich den monatlichen Beischlaftermin um drei Wochen vorziehen könne. Ja und da habe er diesen nackten Einbrecher gesehen, der seine Brigitte würgte. Zum Glück habe er den Zündkerzenschlüssel des Rasenmähers in Händen gehalten und nur zweimal zuschlagen müssen. Draußen liegt noch immer dieser unnachahmliche Geruch nach Frühling in der Luft.

DEUTSCHE RELIGION

Die Weltherrschaft der Müsli-Bruderschaft

Ob Protestant oder Katholik, ob -ismus oder -zismus, ob Islamist oder Atheist – sind das nicht alles Religionen von vorgestern, die sich mit ideologischen Altlasten aus dem geistesgeschichtlichen Pleistozän herumplagen? Jene an die Moderne mühselig anzumodellieren, verzehrte die Kräfte ganzer Generationen und brachte doch keinen Erkenntnisgewinn. Aber das ist jetzt vorbei. Denn heimlich, still und leise hat sich im Schlagschatten der großen Verblendungszusammenhänge die wahre deutsche Religion etabliert. Ihr oberster Gott ist die Natur, und die steht komplett und weltweit unter deutscher Verwaltung. Wer daran rumdoktert, ob an heimischen Biotopen oder am Amazonas, ist ein Ketzer. Durch bloßes Biersaufen kann man dagegen heutzutage die Natur schützen – eine wahrhaft menschenfreundliche Version des Ablasshandels. Wie immer geht es dem Deutschen natürlich um nichts Geringeres als die Weltherrschaft. Da die anderen Völker und Nationen einfach zu blöd sind, muss der Deutsche wieder mal allein den Planeten retten. Erfreulicherweise ist er im Besitz der absoluten Wahrheit und muss nicht mit hinterfotzigen Chinesen über Nachhaltigkeit diskutieren. Nein, es gilt, unverzüglich zu handeln. Während also der zurückgebliebene Asiate halb Afrika und Südamerika abholzt, retten wir mit jeder ausgesoffenen Pulle Pils einen Quadratmeter Urwald. Ja, und wer ist da der moralische Sieger? Na bitte! Auch sonst ist alles ethisch picobello auf Vordermann bei uns. Und wenn die ganze Welt voller Atomkraftwerke wär, so fürcht ich kein Unglück, denn wir ham keins mehr. Die Deutschen stellen zwar nur 1,2 Prozent der Weltbevölkerung, da jedoch der Rest ausschließlich aus Nicht-Deutschen besteht, sind es so gesehen quasi 100 Prozent. Aber der Chinese, der Chinese tönt es dann. 1,4 Milliarden Stück gibt's davon bereits, na ja, aber wie lächerlich ist doch die Zahl im Vergleich zu allen Menschen, die in Zukunft noch geboren werden könnten. Mit denen nämlich, auch »unsere Enkel« genannt, ist der Deutsche im

Bunde. Selbst wenn ihre Väter und Großmütter Chinesen oder sonstwelche Kasemuffen sein werden, sind es doch »unsere Enkel«, die dereinst den Planeten bevölkern werden. Und Hand auf Herz, wo wollen die dann wohl lieber leben, in einem versifften Riesenchina oder in einem hübsch nachhaltig gepflegten Deutschland. Na sehnse! So war es bei den erfolgreichen Religionen zu allen Zeiten, wer den Pakt mit einer utopischen Zukunft schloss, dem gehörten die Wahnvorstellungen der Gegenwart. Drum ist es nicht ausgeschlossen, dass am deutschen Wesen, diesmal tatsächlich die Welt genesen oder ... verwesen wird. Schaun mer mal! Amen!

GESCHENKE

Ständig droht das Weihnachtsfest

Traditionell in der ersten Dezemberwoche wird im Hirtenbrief der Gebrüder Albrecht verlautbart, was denn das Leitgeschenk des Jahres zu sein hat. Nachdem nun auch bis zur vorletzten Hartz-Höhle jedermann seiner Nachrüstpflicht für Flachbildschirme nachgekommen ist, soll jetzt aber zackig der Tablet-Computer unter der Nordmanntanne liegen, neben dem Faserpelzanzug in Übergröße für Mama und dem Radarwarnnavi für Vatti – für alle, die jetzt nicht fließend Hindi oder Urdu sprechen, auf Deutsch heißt das Teil »Elektronisches Geschwindigkeitsüberwachungswarn- und satellitengestütztes Verkehrsnavigationsgerät«. Übrigens auch ein schönes Wort aus jüngster Zeit ist »Krankenversicherungsbeitragsanteilermittlungsverordnung«, hat immerhin 55 Buchstaben und zeigt die ganze erhabene Schönheit der deutschen Sprache. »Radarwarnnavi« ist nicht Urdu, sondern neues Deutsch mit Multikulti-Anmutung und auch sehr schön. Aber ich schweife ab. Der Aldi-Prospekt, da waren wir. Er ist nicht nur Leitfaden für die Doofen, die sonst nicht wissen, was man sich wünschen sollte, sondern auch das Ekel-Brevier für jene, die sich für schlau und kreativ halten, bestenfalls noch die Tchibo-Postille hat einen ähnlich abschreckenden Charakter. Alles, was dort als Geschenk angepriesen wird, gehört zu den absoluten oberpeinlichen No-Gos unterm Kaschmir-Tannenbaum – Hermès-Taschen in einer Roy-Lichtenstein-Anmutung etwa. Na ja, aber was sollen diese armen Menschen denn sonst verschenken? Der Blödmann tut halt ein Blick in die Non-Food-Beilage des Großverramschers, und die Gedanken sind wieder frei. Der selbstgefühlte Kreative hingegen zerbricht sich die Birne nach möglichst geringpeinlichem, wenn nicht gar originellem Christmas-Gerümpel. Wer über Geld in obszöner Menge verfügt, kann diese Not durch ebenso obszöne Gaben übertünchen: einen Haufen Doggenscheiße aus 24-karätigem Feingold oder 20 Hektar Favela in Rio zum Selberwegbaggern – das ist zwar geschmacklos, hat aber allein durch seine Monstrosität wieder Stil. Aber auch für den stinknormalen Besserverdiener gibt es neuerdings eine Lösung: den Christmas-Planer, der kauft den ganzen Mist und schmeißt ihn in den Genpool. Doppelbungee-Sprünge, Pärchen-Fotoshooting, Candle-Light-Dinner mit Kerzen für oben und unten und sie und ihn, was gibt's da nicht alles für herrliche Sachen zu verschenken! Mein Geschenktipp in eigentlich jedem Jahr lautet: der Fernsehsessel mit elektrischer Aufstehhilfe, das Arschkatapult bei Sendeschluss. Wirft den Vatter pas-

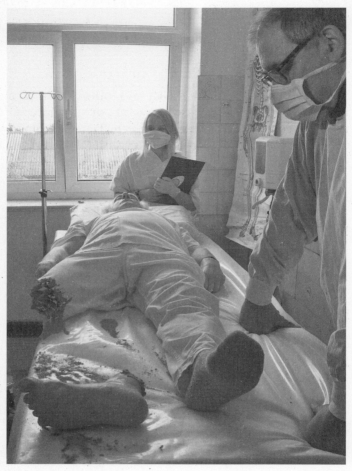

Wenn das Zwischenstück fehlt, kann auch der beste Chirurg nichts mehr machen.

send auf den Teppich, wenn er schon zu breit ist, um mit der Fernbedienung die Glotze in den Stand-by-Modus zu überführen.

DIE DROHNE

Unbemanntes weibliches Fluchobjekt

Seit Leonardo da Vinci und Otto Lilienthal war es des Menschen Traum, mit Maschinenkraft durch die Lüfte zu fliegen. Was nur wenige wissen: Die Maschinen träumten davon, dass der blöde Stinkstiefel am Boden bliebe und sie allein über den Himmel pesen könnten. Deren Traum ist nun auch erfüllt und nennt sich Drohne, hat aber nicht viel mit der namensgebenden männlichen Arbeitsbiene gemein. Die Maschinen-Drohne ist weiblich und unbemannt, was den Vorteil hat, dass bei jähem Absturz danach kein Uniformierter bei der Witwe klingeln muss. Zu Anfang nur als fliegender Fotoapparat genutzt, verfügte sie schon bald über Waffen an Bord und konnte aus großer Höhe ungesehen und zielgenau den Taliban aus der Herde schießen: Über den Wolken muss die Feigheit wohl grenzenlos sein – da schießt man schon mal eher einen ab, wenn keines Piloten Gewissen an Bord im Wege steht. Das dachte sich auch die Deutsche Bahn und hetzt den unbemannten Flugbegleiter+ auf nächtliche Waggonbeschmutzer. Kaum hat der Graffiti-Schmierfink die Spraydose gezückt, wird er aus 150 Metern abgeknallt. Gut, das ist eine Zukunftsvision, bisher sollen nur Beweise für den Gerichtstermin sichergestellt werden – Fotoshooting, bevor das richtige anfängt. Bevor nun die ganze Welt zugedrohnt wird, Polizisten, Lehrer und Hortnerinnen durch unbekannte Flugobjekte ersetzt werden, überlegen wir uns schon mal, wie man die Biester projektilgestützt aus dem Verkehr ziehen kann. Einfach so mit der Knarre in die Luft ballern in der

Hoffnung, dass schon eines der Mistviecher runterfiele, das klingt doch etwas oldschoolmäßig. Doch wenn die Drohne von unten über irgendeine 99-Cent-Drohnen-App gesteuert wird, dann sollte es begabten Hackern doch auch möglich sein, die Vögel umzuprogrammieren. Vielleicht stehen wir bald in einer lauen Sommernacht draußen auf unserer Terrasse und gucken nicht mehr den Sternschnuppen nach, sondern wie sich die Drohnen am Nachthimmel gegenseitig das IT-Gedärm aus der Hülle schießen. Kann auch ganz romantisch sein.

HALLO

Selber hallo

»Hallo, ist da jemand?« In der Rangfolge der berühmten letzten Sätze nimmt dieser einen Spitzenplatz ein. Zumindest im Kino gibt's danach postwendend einen auf die Rübe, denn da war tatsächlich jemand in der offenstehenden, dunklen Wohnung mit dem riesigen Blutfleck auf dem Boden. »Hallo« sagt man jedoch nicht nur, wenn man nach einem Schlag auf die Omme, giert, sondern das Wort hat in seiner Geschichte viele Bedeutungen durchlebt. Ursprünglich wohl aus dem Ruf »Hol über« an den Fährmann entstanden, erlebte es seinen Durchbruch im Telefonverkehr. Thomas Edison selber war es, der »Hallo« als fernmündliche Begrüßungsformel gegen das von Alexander Bell vorgeschlagene »Ahoy« durchsetzte. Lediglich Tschechen und Slowaken begrüßen sich noch heute mit »Ahoj« am

Fernsprechendgerät, was für zwei Binnenländer jedoch eher peinlich ist. Weitere Ableger des ursprünglichen Begrüßungshallos sind das »große Hallo«, was eine Art Bohei oder auch Tohuwabohu sein kann, und das Einverständnis signalisierende »Aber hallo«, wenn jemand eine besonders undurchdachte Meinung äußert, sagen wir mal: »Alle Schwedinnen sind spitz wie Nachbars Lumpi.« – »Aber hallo«, sagt dann der Nachbar, der noch nie eine Schwedin und genau genommen auch noch keine Deutsche je von nahem sah. Seine zweite Blüte erlebte »Hallo« als schriftliche Anrede im E-Mail-Verkehr, es ersetzte das gestelzte »Sehr geehrte Damen und Herren« und passt auch weit besser zu einer Kommunikationsform, die vor lauter Orthographie- und Grammatikfehlern nur so strotzt. Als elektronische Anredeform wurde es zuerst in den Chaträumen und Foren gebräuchlich, wo ein »Sehr geehrtes Stinktier05« auch etwas unpassend gewesen wäre, zumal man aus dem Kriegsnamen des eBay-Kunden auch das Geschlecht nicht ablesen kann: Herr Fotzibär oder gar Frollein, man weiß es nicht, da kommt ein unverbindliches »Hallo« gerade recht. Ihre neueste und ekeligste Anwendung findet die einst unschuldig gestartete Fernsprechbegrüßung in dem sich empörenden »Hallooo?!«. Dabei muss das Gesicht zu einer Fratze verdreht werden, und die Augen dürfen gerne basedowisch aus den Höhlen quellen. Ein Anwendungsbeispiel gefällig? Wir sind auf einer dieser Geburtstagspartys, auf denen sich Menschen jenseits des dritten Lebensfünftels im Widerschein des Nudelsalates grottenlangweilige Heldengeschichten aus ihrem in natura sicher noch grottenlangweiligeren Kackleben vorlügen. Ein typisches Ende hört sich dann etwa so an: »Und dann berechnet mir die Schlampe an der Kasse doch glatt 10 Cent für die Papiertüte ...« Da trotz dieser Ungeheuerlichkeit die Welt noch nicht in ihren Grundfesten zu wackeln beginnt, folgt nun das abschließende Empörungs-Hallooo?!«, und jedermann weiß Bescheid: Hier ist das Sich-gemeinsam-Aufregen über die Zumutungen des Daseins angesagt. »Weißt du, über was Wischmeyer in seinem letzten Beitrag gefusselt hat? Über das Wort »Hallo«. Hey, geht's noch? Ich glaub, ich spinne. »Und sicher glaubt auch noch jemand, dass sein Schwein pfeift oder kurz und knapp: Hallooo?!

GRÜNE FRAUEN

Gender ohne Geländer

Auf der ewig währenden Endlagersuche für sich selbst sind die GRÜNEN FRAUEN wieder einen Schritt vorangekommen. Nachdem »die Quote«, »der Girls-Day« und »das Gender-Mainstreaming« gegen das Penis-Establishment durchgesetzt war, drohte die Zicken-Power auszubluten. Stets auf der Hut, was die Schwanzträger wohl noch an Fiesheiten im Köcher hatten, wurden sie endlich fündig: Die »Boys« fördern auf hinterfotzige Weise einzelne Frauen, um so die Geschlechter-Solidarität aufzubrechen. Man kennt dieses Verfahren aus der Jagdstrategie der Löwen und Wölfe, die versuchen, schwächere Tiere aus dem Rudelverband zu lösen. Der Unterschied ist nur, dass die isolierten Herdenmitglieder von den Männern nicht getötet, sondern gefördert werden – eine in politischen Kreisen übliche Form des Umbringens. Wird nämlich jemand zu früh für ein Spitzenamt vorgeschlagen, so ist sie oder er »verbrannt«. Dieses Verfahren ist von der deutschen Sozialdemokratie zu einiger Perfektion gebracht worden. Dort schlägt andauernd jemand einen anderen vor, um ihn aus dem Weg zu räumen – siehe Franz Müntefering, Kurt Beck oder Peer Steinbrück. Der Sozi tötet jedoch nur einzelne oft schwächelnde Alttiere. Den Öko-Rüden unterstellen die Alt-Fähen hingegen, das ganze weibliche Pack schwächen zu wollen. Mit Verlaub, dazu sind die kopfkastrierten Schwächlinge gar nicht in der Lage, dear girls. Welche GRÜNEN-Drohne traute sich denn wohl, gegen die mächtigen Gottesanbeterinnen Roth und Künast ihr kümmerliches Gemächt auszufahren? Einem Joschka Fischer wäre es zuzutrauen gewesen, die Doppel-X-Phalanx zu sprengen, hatte er doch seiner Zeit Katrin Göring-Eckardt als Undercover-Agentin in die Weiberschanze eingeschleust. Auch jetzt wieder vermuten die Vertreterinnen der Gegenspionage, dass besagte IM Katrin von den Hodenträgern gezielt ins Feld geführt wird, um einen internen Zerfleischungsprozess unter den Realas anzustiften. Ja Mädels, wenn ihr mich fragt, dann sieht die Sache noch komplizierter aus: Claudia Roth, abgefuckte Strategin und Machiavellistin, hat die Eunuchen-Truppe der Grünen zu einer Parteinahme für Göring-Eckardt provoziert, um diese dann sofort wieder anzuprangern, damit sie auf der Woge der errungenen Weibersolidarität kommod in den Hafen der alleinigen Doppelspitze surfen kann. Das Weib ist des Weibes Wölfin, wie der Lateiner sagt, dear girls. Das kriegt ihr auch noch irgendwann mit, wenn ihr groß seid.

MARKETING AUS DEN WOLKEN

Zuckrige Lakritzjauche bleibt's trotzdem

Nichts verkauft sich von selbst, nicht mal Cola in der Wüste. Zumindest sollte der potentielle Kunde vom Vorhandensein des Produktes in Kenntnis gesetzt werden. Klassiker dieser simpelsten aller Produktinformationen sind die Schilder am Wegesrand »Äpfel« oder »Kartoffeln« steht drauf, höchstens mal »1A Kartoffeln«. Wieso allerdings das Vorkriegs-Kfz-Kennzeichen von Berlin die Kartoffel adelt, das sei mal dahingestellt. Von dieser primitiven Form des Marketings bis hin zum Sprung aus dem All, um eine zuckrige Ösi-Brause zu bewerben, ist es ein weiter Schritt. Modernes Marketing aber heißt, den Doofköppen etwas aufs Auge zu drücken, das sie sonst nicht mal bei Androhung von Schlägen gekauft hätten – wie diese ekelige transalpine Koffein-Jauche, die nicht mal mit Wodka gestreckt genießbar ist. Also hülfe es auch wenig zu behaupten, das Zeug sei lecker oder habe sonstwie nachvollziehbare Produktvorteile. Glaubt eh niemand, da kann man auch gleich in die Vollen gehen und erzählen, das kackbraune Zuckerwasser verleihe Flügel. Selbst wenn diese dreiste Behauptung mit Lügen gestraft wird wie bei dem Stuka-Köpper dieses bekloppten Österreichers – denn er raste ja wie ein Stein auf den Planeten zu –, kann von einem ungeheuren Marketingerfolg die Rede sein. Wie ist das möglich? Es ist der Kumpanei der Produkthersteller mit den Medien geschuldet. Die einen wollen ihren unnützen Dreck höchstpreisig verbimmeln, die anderen ihre Nachrichten. Da Krieg und Griechenland, Energiewendegelaber und Betreuungsgeld nicht ausreichend Unterhaltungswert haben, müssen dazwischen auch Meldungen her, die von der Tollkühnheit des Menschengeschlechts Zeugnis ablegen. Wie abwegig der Zusammenhang zwischen Köpper aus dem All und alpiner Affenbrause auch erscheinen mag: er funktioniert. Die Medien berichten wochenlang, und der Imagetransfer klappt dank willfähriger Berichterstattung in Presse, Radio und Fernsehen. Aber könnte nicht auch mal etwas Sinnvolleres zum PR-Erfolg eines bescheuerten Produktes beitragen, als eine 50 Millionen Euro teure Arschbombe aus dem All? Nehmen wir mal an, eine Halbfett-Margarine sponsorte die Sparmaßnahmen Griechenlands – vielleicht finden die das dann cool, was Merkel und die Troika verlangen? Oder wie wäre es, wenn Red Bull, um jetzt nicht noch länger um den heißen Brei herumzureden, German Wings, Ryanair und Air Berlin unterstützte? Natürlich mit dem Werbespruch: Red Bull verleiht Flügel – will sie aber kurz vor der Landung wieder zurück. Dann schalten bestimmt noch mehr die Glotze ein als beim Köpper aus dem Himmel voller Arschgeigen.

DEUTSCHE METAWUT

Bürgerprotest als Gerontensturm enttarnt

6,9 Milliarden Menschen auf diesem Planeten würden liebend gern von da, wo sie derzeit abhängen, wegziehen und da wohnen, wo null Komma null acht Premiumprimaten es scheiße finden. In Deutschland. Warum also tauscht man diese beiden Gruppen nicht einfach aus? Weil die 6,9 Milliarden Kaputten nicht in Deutschland reinpassen und weil – obwohl sie's total abnervt – die hier ansässigen Großsäuger ihr Habitat nur sehr ungern verlassen würden, jedenfalls nicht länger als für drei Wochen Malle oder so. Der Dschörman, Kriegsverlierer in dritter Generation und deswegen genetisch traumatisiert, traut sich nicht, sein Wellness-Reservat gut zu finden. Deshalb protestiert er sich eine zweite Gehirnhälfte in den Hohlkörper, sobald irgendwas am Horizont erscheint, was seine »german gemoodlikite« stören könnte. Bahnhof vergraben, abgebrannte Brennstäbe durche Gegend chauffieren, Stromtrassen, Kohlekraftwerke, Hähnchenknäste, Autobahnen – da sind wir einfach nicht für, egal wo und wo lang: Gibt's nicht, soll alles so bleiben wie am Brunnen vor dem Tore, wo ich einst mein Feinsliebchen fand. Der Protest tarnte sich stets als allgemeines Bewahren der Schöpfung, notfalls auch in Gestalt des fickenden Feldhamsters im Angesicht seiner Ausrottung. Alles war toll: Die Guten waren die mit den Bettlaken und den Trillerpfeifen im Gesicht, die Bösen waren das Schweinesystem und seine Schergen in Polizeiuniform. Unbequem und unkonventionell sein, sich empören und die aufgestaute Wut herauslassen, waren jahrelang sichere Tickets, um in den Kreis der Gutmenschen aufgenommen zu werden. Hier herrschte Frieden, und moralmäßig konnte den Insassen keiner ans Zeug flicken. Doch plötzlich kam ein anderer Wind auf im Land der Verhinderungsgermanen. Der Wutbürger wurde enttarnt als Wellnessrentner, der nur um seine Pfründe kämpfte, dem die vielgepriesene Schöpfung komplett am Hängearsch vorbeiginge, wenn nur die Windräder nicht ihre Schlagschatten in seinen Vorgarten würfen. Aha, haben wir ihn, den Bürgerprotest: In Wahrheit ist er nur ein

Wem ein Bad zu lange dauert – Stromtod für den eiligen Selbstmörder.

Verteilungskampf zwischen den Generationen, in dem fettgefressene Geronten gegen die Zukunft ihrer Enkel die Besitzstände verteidigen. Und so entstand die Metawut. Nicht mehr über die konkrete Sauerei vor der Tür regt man sich heute auf, wenn man zu den stylischen Opinionleadern dazugehören will, sondern über die, die sich aufregen, diese Schöpfungs-Spießer, Öko-Diktatoren, Future-Feinde – die uns die Facebook-Welt der Zukunft miesmachen wollen. Und irgendwann fällt das böse Wort »Rentner« – uarrh, wenn die sich für was einsetzen, kann das ja nur total spießig sein. Und die Metawut auf die Wütenden machte sich breit – wie wär's zur Abwechslung eigentlich mal mit lebensalter-unabhängigen Argumenten?

HEINO SINGT WIEDER

Schwarzbraun ist der Hundeschiss

Gunter Gabriel singt Johnny Cash, Wolfgang Niedecken Bob Dylan auf Kölsch oder mit Kölsch, und Ben Becker grölt zusammen mit Margot Käßmann die Bibel durch das Kirchenschiff – ist den Deutschen denn gar nichts mehr heilig? Da wird weder gecovert noch gefeatured, schon gar nicht getributet, sondern einfach nur am Ruhm anderer das eigene kleine Feuer genährt. Ganz anders Heino, der bebrillte Recke aus Düsseldorf. Im achten Jahrzehnt seines Schaffens ist er so nahe an Gott herangerobbt, wie das ein Schlagerzombie überhaupt nur kann. Er ist so was wie der Helmut Schmidt des strammen Liedgutes geworden, unangefochten der King, egal, was er von sich gibt. Allein deshalb ist seine neue Schallplatte schon ein Meisterwerk. Vor allem hat sie es nicht nötig, dass kleine miese Marketingpisser einen vermeintlichen Rocker-Krieg in der

BILD da herumkonstruieren. Wenn Sänger wie Johnny Cash Popsongs coverten oder die grandiosen Songs von Bob Dylan von dessen talentfreiem Gekrächze befreit wurden, dann blühten diese Songs in der Regel sogar auf: Sie waren besser als das Original oder zumindest auf schöne Weise anders. Heino dagegen ist ein Killer. Er singt den Krempel runter, wie ein Rottweiler einen alten Teddy zerfleddert, und siehe da, es ist längst nicht alles Gold, was glänzt. Der pompöse Sound-Schlamm von Rammstein zerfließt wie ein Hundeschiss in der Sonne, die Elternklage der Ärzte in »Junge« wird zum gesungenen Spießer-Monolog, dem die Ironie abhandengekommen ist – ganz zu schweigen von dem Geseire eines Westernhagen, das selbst Heino nicht noch weiter in den Abgrund singen kann. Was bleibt? Peter Fox und das Haus am See und irgendwie auch Nena, deren treudoofe Einstellung zum Sein auch von Heino perfekt interpretiert wurde. Schönster Aspekt an der ganzen Scheibe: Die Toten Hosen kommen nicht vor. Gerade sie, die den wahren Heino einst gefeatured haben, werden vom King nicht für wert befunden, gecovert zu werden. Recht so! Gröl- und Besuffski-Mucke mit linker Tarnkappe braucht kein Mensch. Ansonsten wünschen wir Heino alles Gute auf seinem neuen Karriereweg: Möge noch viel geistiger Dünnschiss durch seine Stimme zur Kenntlichkeit entlarvt werden. Wie wär's mit den gesungenen Parteiprogrammen zur Bundestagswahl oder dem Kettenbrief von Scherzbischof Meisner zur Pille danach als Country-Ballade? Wäre bestimmt auch ein Knaller!

MEINE LEICHE, DEINE LEICHE

Und aus den Teilen puzzeln wir was Neues

Mit dem Leichnam ist das so eine Sache: Der Besitzer ist tot, und den Erben gehört er auch nicht. Lediglich an den dauerhaft abgetrennten Teilen, ob vor oder nach dem Tod sowie an den Implantaten kann Eigentum erworben werden. Somit muss die Zusage der Eigentumsübertragung bei Lebzeiten des Betreibers einer irdischen Hülle stattfinden, damit die Chose juristisch sauber über die Bühne geht. Man kann zum Beispiel seinen vom Leben verlassenen Körper an die Herrgottschnitzer der Anatomie verbimmeln. Dafür gibt's in der Regel so viel Flocken, dass hernach die Reste zusammengefegt und standesgemäß beerdigt werden können. Für die Weiterverwendung der noch brauchbaren Ersatzteile hat der Gesetzgeber nun merkwürdigerweise nicht den bewährten marktwirtschaftlichen Weg gewählt, sondern den der sogenannten Organspende. Der Begriff täuscht, denn niemand »spendet« zum Beispiel sein Geld ins unbekannte Nichts hinein. Stets geht es an einen gewählten Adressaten, den er für würdig hält – was und wer auch immer seine Hilfsbereitschaft rührt. Ausgerechnet seine Niere, Leber, Augen oder den ganzen Kopf ohne Kenntnis des Nehmers zu »spenden« ist zumindest ungewöhnlich. Es ist eben etwas anderes, ob ich mein altes Auto verkaufe, da ist mir der neue Besitzer egal ... oder verschenke, da eben nicht. Allein die Tatsache, dass man seine ganzen Organe ja nach dem Tod nicht mehr braucht, reicht nicht aus, deren Abtretung zu rechtfertigen. Wenn's so wäre, müssten wir den Eigentumsbegriff komplett neu definieren.

Zur weiteren Irritation trägt die jahrtausendealte Totenkultur bei. Darin ist der Leichnam eben kein Wrack zum Ausschlachten brauchbarer Ersatzteile, sondern ihm wird in allen Kulturen eine gewisse Ehrfurcht entgegengebracht: Alle Armeen der Welt holen ihre Toten selbst unter großer Gefahr von den Schlachtfeldern und fliegen sie zum Teil sogar zurück in die Heimat. Im Gegenzug gilt das Abtrennen von Körperteilen Toter als die höchstmögliche Schändung und Demütigung des Gegners: der Skalp, der aufgespießte Kopf, die abgeschlagenen Gliedmaßen. Deshalb macht es sich eine Gesellschaft zu leicht, wenn sie die Weiterverwendung menschlicher Organe nach dem Tod mit dem Mäntelchen der Nächstenliebe verklärt. Entweder wir machen uns die Mühe – und da wären mal die Kirchen gefragt, die sich ja sonst zu allem ungefragt äußern –, eine neue Totenkultur zu kreieren, oder wir schmeißen die Organe knallhart auf den Markt. Wenn's hauptsächlich darum geht, mehr Leben zu retten, ist das sicher der vielversprechendere Weg, und außerdem würde es dem illegalen Organhandel den Boden entziehen. Unser aller Zusammenleben würde es allerdings auf eine neue Probe stellen, so viel ist gewiss.

SOMMER IN DER STADT

Da schwappt die Ursuppe ans Licht

Damit die Grillpestilenz nicht bloß allabendlich durch die heimische Reihenhaussiedlung weht, haben sich die Stadtväter auch was Lustiges für die öffentlichen Freiflächen ausgedacht. In jedem Sommer läuft der Fress-, Gröl- und Saufmarathon durchs städtische Grün. Unter wechselnden Bezeichnungen wie Frühlingsfest, Schützenfest, Brahmsfestspiele, Stadthallenfest, Weinmarkt, Altstadtfest, City-Rendezvous oder »Drei Tenöre auf dem MÖSA-Parkplatz« schleppt sich ein Lindwurm immergleicher Grillkrakauerbuden und Bierlafetten von einem Ort zum andern. Hinterdrein torkeln die zweibeinigen Endlagerstätten von Currywurst und gefrorenem Jägermeister. In jeder Saison verwandeln sich ganz normale Menschen in einen Haufen Irrer, die in ihrer Freizeit nichts Besseres zu tun haben, als monströse Kartoffeln aus Alufolie zu fingern oder sogenannte Darbietungen am Wegesrand anzugaffen. Letztere sind das Salz in der Suppe kommunaler Fun-Events. Die Schalmaientruppe der Grundschule oder der Shantychor Todesleben machen eine stumpfsinnige Völlerei zum »kulturellen Angebot«. Ruck, zuck wandelt sich der Randgruppenexerzierplatz vor Karstadt in ein Centre Pompidou. Jedes Mistkaff wird ein kleines Paris. Wenn der Deutsche sich im Sommer aushäusig einen auf die Glocke gießt, nennt man das »unbeschwerte südländische Lebensart«. Just diese möchten die Stadtväter ihren kalten Citys implantieren, wenn sie zum Beispiel international renommierte »Marktschreierwettbewerbe« in ihre Mauern holen. Kaum ein Moment des Innehaltens wird dem Einwohner gewährt, folgt doch auf eine just überwundene Fress- und Saufparty schon die nächste. Witziges Detail aller städtischen Vergnügungen ist die ständige Warnung vor der »Kommerzialisierung«. Bruharhar!!! Als ob je ein Fischfritze seinen öligen Panadebrocken für Gottes Lohn abgegeben hätte. Im Gegenteil: Nirgends ist das Preis-Leistungs-Verhältnis so mies wie in der Baracken-Gastro der Sommerfeste.

Nachdem man eine halbe Stunde im Regen angestanden hat, werden für ein schlecht gezapftes Schankbier im Plastebecher mindestens vier Euronen einbehalten. Der wummernde iPod-Soundschlamm im Hintergrund kann da die Laune auch nur wenig heben. Wer seinen Magen gänzlich blank schmeißen will, dem bleiben noch die Gourmetangebote in den riesigen Sudpfannen: Rumänischer Hirtentopf, Delfter Ferkelpfanne, Wiesenchampignons im Sägespanmantel – unerschöpflich ist die Phantasie der Fettsieder und Schmurgelköche. Die Königin der Outdoor-Verköstigung ist und bleibt aber das Nackensteak. Allein der Augenschmaus, blutige Fleischbrocken auf dem Feuer zucken zu sehen, entschädigt für den Verlust an Lebenserwartung nach ihrem Genuss.

Immer gleiches Ritual am Ende eines der ungezählten Stadtfeste ist das Verblasen der Müllstrecke danach. Auweia, was waren wir wieder für kleine Ferkel. Fünfzig Tonnen Plastikbecher, Würstchenpappen und weggeworfene Losbudengewinne sind wieder mal zusammengekommen. Dabei ist gerade dieser vermeintliche Nebenaspekt die Hauptlust am Sauf- und Fress-Event. Endlich kann man sich mal wieder wie eine richtige Ökosau benehmen: Halben Liter Bierschlempe auf ex in den Kopp und kraxzerberst den Plastebecher auf dem Trottoir zertreten, hahaha! Mal wieder richtig die Gegend zumüllen wie früher, als sie noch nicht Umwelt hieß – das macht schon Spaß!

Drum haben sie schon ihren Sinn, die städtischen Saturnalien des Sommers: Sie sind der kleine Wochenendurlaub vom Mülltrennen und Gesundleben. Ist doch auch schon was!

REZEPTIONSVERWAHRLOSUNG

Glotzer, Gaffer und Gestörte

Horst-Rüdiger und Liz waren am Wochenende in Helsinki zu dieser irre interessanten Ausstellung über den finnischen Neo-Fauvismus: Suunto Miettunen, Jaako Hietela hauptsächlich mit den gemeinsamen Arbeiten aus Birkenrinde und Schweineflomen. Maximilian erzählt vom Pantomime-Festival auf den Hebriden, manche gehen auch nur zu jeder Vernissage oder haben ein Abo für die Staatsoper. Und in der Pause lästert sich's gediegen über die adipösen Honks auf den Billigsofas, die sich nur berieseln lassen. So ist das nun mal: Wer vom Sitzmöbel aus dem Niedrigpreis-Segment eine beschissene RTL-II-Sendung mit Evolutionsabbrechern schaut, ist ein Blödmann – wer sich die mindestens ebenso behämmerte Prokofjew-Inszenierung mit nackten Nazidarstellern reinwürgt, ist ein Intellektueller. Dabei leiden beide an derselben Rezeptionsverwahrlosung im Endstadium: nur nichts selber ausdenken oder tun, lieber schauen, was andere so machen. Die auf das reine Glotzen reduzierte Vita contemplativa ist zum Ideal des Deutschen geworden. Mal nach Südafrika düsen zum whale watching oder die letzten Menschenfresser am Unterlauf der Werra angaffen – man will alles noch mal gesehen haben, bevor es die Wale und Indianer oder bevor es einen selbst nicht mehr gibt. Mal schauen, wer zuerst den Löffel abgibt. Städtereisen, Studiosus und Bildungsfahrten, Urmel aus dem Eis in der Arena von Verona getanzt vom Konvoi-Ballett der weißrussischen Lastwagenfahrer – nichts ist so skurril, als dass es nicht genug Kulturgaffer aus ihrer Penthouse-Sasse löckte –

wenn dieser gewagte Konjunktiv ausnahmsweise erlaubt sei. Dabei glaubt der Rezeptionsverwahrloste auch noch, aktiv am kulturellen Leben teilzunehmen, wenn er da hockt auf dem Klappstuhl eines dieser ekeligen sommerlichen Klassikbiwaks. Dies vor Augen, verdient noch der talentloseste Schrauber unseren Respekt, der seinen VW-Polo mit Hilfe unsagbar hässlicher Plastikhutzen zu einem Kleinwagenmutanten hochgetunt hat. Immerhin war er – wie irregeleitet auch immer – selbst kreativ und hat nicht nur die Leistung anderer angeglotzt. Lebt die bürgerliche Lust am Gestalten der eigenen Lebenswelt in den Gartenlauben und Hobbykellern eher fort als im selbstgerechten Restbürgertum? Gibt es eine Konvergenz in der modernen Gesellschaft zwischen gentrifizierten Hochkulturvoyeuren und TV-Prekariern? Homo Faber ist tot, es lebe die glotzende Krampe. Was dem einen Gerhard Richter, ist dem anderen Richterin Barbara Salesch. Muss ja jeder selber wissen.

ROCKER

Böse Opas mit V2-Rollatoren

Sie sind fett, blöd, versoffen und feige: Das ganze Elend ist unter dem Sammelbegriff »Rocker« bekannt. Sie treten nur in Horden auf und vergreifen sich an Schwächeren, ihre Anforderungen an Frauen könnten ebenso gut durch eine Gummipuppe oder ein Pfund warmes Gehacktes erfüllt werden, kurz: Sie sind vom menschlichen Abschaum das Allerletzte, das auf diesem Planeten schon viel zu lange im Wege steht. Nur eins, das waren sie nie: Weicheier! Genauso gern, wie sie austeilten, kriegten sie selber eins in die Fresse, und bei Minusgraden dürftig bekleidet auf einer zweirädrigen Vorkriegserfindung rumöddeln, das war Ehrensache. Scheiß was auf die abgefrorenen Finger: saufen und wichsen geht zur Not auch ohne. Doch dann geschah etwas im Stamm der selbsternannten Outlaws: Sie wurden älter. Die Riesentitten der Dekoschlampen hingen immer tiefer aus den Lederfutteralen, der Präsi hatte »Rücken«, zum Rockermeeting ging's im Bus mit Motorrad-Anhänger. In Hessen wurden ein paar Charters der Hells Angels jüngst verboten, weil die meisten Mitglieder gar keinen Lappen fürs Motorrad hatten. In Hannover verklagt der Rockerpräsi den von der Polizei wegen übler Nachrede – äh ... gab's da nicht früher einfach mal welche aufs Maul? Gegenseitig immerhin schießen sie sich zuweilen noch mal übern Haufen: Hells Angels und Gremium gegen Bandidos und Mongols oder wie die verschiedenen Hunderassen bei denen heißen. Und was machen die Rocker sonntags? Sie treffen sich bei Kaffee und Kuchen und besprechen Investitionen in den Bereich der organisierten Kriminalität. Bald werden die ersten Rollatoren mit Harley-Aufklebern vor den Mümmel-Residenzen auftauchen, verfeindete Motorradclubs werden sich waidgerecht erlegen und eine Schweiß-Nachsuche von der Polizei-Hundestaffel anfordern. Der Sinneswandel im Reich der bösen Buben ist auch an seinem Premium-Ausrüster nicht vorübergegangen: Harley-Davidson rief mehr als 300 000 Maschinen zurück wegen Bremsproblemen. Wie bitte? Seit wann muss man eine Harley bremsen? Der Eisenhaufen bleibt doch von selbst stehen, sobald man den Gasgriff auch nur um drei Grad zurückdreht. Und: Seit wann will man eine Harley überhaupt bremsen? Springt das

Gesocks nicht mehr zur Seite, wenn der MC Cocksucker um die Ecke schrotet? Es ist alles nicht mehr so schön wie früher unter der Kutte. Nur die Wampe, die kann einem keiner mehr nehmen.

SIMULIERTE STÄDTE

Und Anwohner im eigenen Saft

Nicht in der Stadt und auch nicht auf dem Land wohnt der deutsche Mensch, sondern am liebsten in einer Gegend namens »Das Umland«. In dieser gesichtslosen Steppe aus Wohnsackgassen und Nahversorgermärkten hockt der Furzer in seinem Eigenschleim auf 400-qm-Parzelle oder gestapelt in der Mietskaserne. Obwohl verwaltungsmäßig noch zur Stadt gehörig, beginnt schon drei Kilometer außerhalb der City dieses Zombie-Reservat, geht über in den Speckgürtel, um schließlich in der Schlafstadt zwischen Mais- und Maisfeldern seinen depressiven Höhepunkt zu finden. Doch bisweilen will noch der toteste Insasse aus Suburbia etwas Spaß außerhalb des Grillvergnügens mit den Nachbarn haben und sehnt sich nach viriler Urbanität, möchte ins Kino, ins Theater gehen, im Bistro sitzen und den Chicks auf den Pöter glotzen oder einfach nur nichtgriechisch essen. Doch was muss er sehen, wenn er in die Großstadt fährt? Man will ihn dort gar nicht. Man will nicht, dass er parkt, denn da steht schon das Wohnmobil von dem »Anwohner«, man will nicht, dass er sich nach 22 Uhr draußen freut, denn dann möchte Herr Anwohner sich zur Nachtruhe betten. Man will nicht mal, dass die

Eingeborenen im eigenen Auto kommen, denn auf den geteerten Flächen möchte er, der Anwohner, selbst für lau autofrei rumradeln. Der Städter hasst den Umland-Aborigine, und wenn der schon unbedingt in sein vor Lebensqualität und weichen Standortfaktoren strotzendes Paradies einbricht, dann bitte so, wie sich Herr und Frau Anwohner das vorstellen: Den Pkw brav vor der Stadt abstellen und dann platzsparend mit dem Öffi in die City schnurren, dort ganz viel dummes Zeug zusammenshoppen, fettigen Abfall fressen, Katzenpisse von Starbucks schlürfen, für einen Euro pinkeln gehen und rückstandsfrei und schwerbepackt mit dem Vorort-Öffi wieder verschwinden. So hatten sich der hippe Penthouse-Baron und der Altstadt-Adel das vorgestellt. Doch die Ureinwohner aus der Kultursteppe scheißen auf die gewachsene Polis und schaffen sich ihre eigene urbane Simulationsfläche, die nennt sich Outlet-Center. Nicht weit entfernt von einer Autobahnabfahrt, ohne viel Ampelgedöns zu erreichen und dabei auch noch parkfreundlich signalisieren diese Pseudo-Städte dem Besucher: Du bist willkommen, bitte gib uns dein Geld. Betritt man die künstliche Ladenwelt, so fällt einem auf, wie sehr sie einer tatsächlichen Fußgängerzone ähnelt. Zwischen den Shops laden kleine Cafés zum Rumglotzen ein, es gibt Kinos, Spielhallen, Restaurants, den ganzen austauschbaren Krempel wie in jeder deutschen Innenstadt. Nur eins, das gibt es nicht: Ein- und Anwohner. Nach Ladenschluss ist die simulierte City menschenleer. Keine Menschen bedeutet, keine Nervenärsche, die sich über zu laute andere Menschen beschweren, keine Bewohner, die selber alles vollparken wollen oder mit ihrem Fahrrad durch die Ladenstraßen bügeln, die Tempo 30 auf den Zugangswegen durchsetzen. Diesen ganzen Scheiß gibt es in der Geisterstadt nicht, deshalb fährt der Umland-Indianer da so gerne hin. Und wenn die Städte nicht aufpassen, dann müssen deren Insassen bald selber dort hinfahren, um was zu erleben.

Umgerechnet vier Euro für zwei Minuten – dafür kannst es dir nicht selber machen.

WEIHNACHTSMARKT IM NIESELREGEN

Freitods Freund erste Wahl

Auf der Suche nach einer emotionalen Basis für ein geplantes Freitod-Vorhaben kommt der mündige Pulsaufschlitzer am Weihnachtsmarkt kaum vorbei. Nichts wirkt ja so treffsicher deprimierend wie gewollter Fröhlichkeit im Augenblick ihres Scheiterns beizuwohnen. Eine blondierte Mittvierzigerin, etwas unkontrolliert aus dem Leim geraten, starrt rauchend ins Leere. Vor ihr sintert ein Dutzend thüringische Wurst-Mumien im ranzigen Fett. Niemand will sich ihrer erbarmen, deshalb schlotet Miss Piggy nun schon die achte Aldi-Boston-Filter. Am Stand daneben föhnt der Nachkomme einer alten Karussellbremser-Dynastie die durchgeregneten Plüschratten wieder auf hübsch. Nur am Glühwein-Rondell scheint sich eine mittelalte Mixed-Gender-Rotte den Nieselregen erfolgreich schönzusaufen. Es weht ein fast glaubhaftes Juchzen durch den späten Nachmittag, und die anderen sechs Besucher des pissigsten Weihnachtsmarktes der Welt blicken sich erstaunt um: Wie kann man denn hier nur frohlocken, haben die einen an der Klatsche? Was die Realität nicht zu leisten vermag an adventlichem Zauber, das vollbringt Gevatter Alkohol aufs Vortrefflichste. Im Gegensatz zu den riesigen Rummelplätzen in den Großstädten haben sich die Weihnachtsmärkte in den Vororten ihren suizidalen Charme noch bewahrt – wer hier nicht schlecht draufkommt, verfügt über die Empathie eines Akkuschraubers. In den Städten, da brummt das Geschäft, da schieben sich die Massen durch die Budenzeilen, da kann man sich wohlig ekeln, den distanzierten Drübersteher mimen und dennoch mit dem Arsch voll Glühwein nach Hause wanken. Der bemühte Rentier-Puff auf dem Parkplatz vorm Pupsi-Markt dagegen gibt dir keine Chance. Unmittelbar packt dich das Elend beim Schlafittchen und zieht dich hinunter in den dunklen Schlund der Depression. Das hier ist nicht Bethlehem, das ist Golgatha. Eine Massentötung niedlicher Welpen in der Ukraine könnte nicht trauriger sein als ein deutscher Kleinstadt-Weihnachtsmarkt im Nieselregen. Nicht mal der vertraute Geruch nach Erbrochenem vermag über die Erbärmlichkeit des Events hinwegzutrösten. Da steht er an der großen Champignonpfanne mit den dunkelbraunen Plocken, die aussehen wie materialisierte Doggenfürze. Da steht er, blickt ins Leere und entscheidet sich, noch mal zum Würstchenstand rüberzutorkeln, um mit der Raucherin ein paar aufmunternde Worte zu wechseln: »Na, läuft nicht so heute, Chefin, was?« Doch die dralle Würstchenfachverkäuferin ignoriert unseren Streuner und drückt ihre zwölfte Boston-Kippe im Fett der Mumien aus. Da weiß unser Mann, dass es Zeit ist, nach Hause zu gehen, um sich ohne Reue die Adern aufzuschlitzen.

SOMMERKLEIDUNG

Scheiße aussehen für alle

Wenn der Sommer endgültig vorbei ist, darf Resümee gezogen werden über diesjährige Entgleisungen in Sachen luftiger Garderobe. Häufig gesehen und dennoch nicht verstanden wurde die 7/8-Hose. Warum fehlt der untere Knöchel bedeckende Teil? Soll so der geheime Eichkater Gelegenheit finden, Onkel Otto die Nüsse vom Ast zu rauben? Aber was ist mit der feisten Frau jenseits des zweiten Lebensdrittels? Auch sie trägt oft und gern das schlackernde Beingebinde. Wobei mit zunehmender Grabesnähe die Fersenregion bei Mann und Weib gleichermaßen nicht vor Ästhetik strotzt. Blaugeäder-

113

te Tiefkühlhähnchenpelle, wer will denn so was sehen? Das dachten sich wohl auch die rücksichtsvolleren der 7/8-Fraktion und bedeckten jene mit fragwürdiger Feinstrickware. Die wiederum steckte auch im zweiten Quotenhit der Saison, der quietschbunten Offroad-Sandale mit Klettverschluss. Seit Jahren schon sind die Schnürband-Legastheniker in allen Altersgruppen im Vormarsch. Bei den Jungen, weil in der Oberprima das Schuhzubinden nicht mehr auf dem Lehrplan steht, bei den Alten, weil nur noch für zwei Sekunden Puste vorhanden ist zum Bücken, ohne bewusstlos zu werden – und das reicht eben nicht für eine anständige Schleife. Hinzu kommt die übliche Schmerwanstigkeit in der Verwesungsoberliga, die auch nicht gerade zum Verbeugen einlädt. All das hat den Siegeszug des Fusselverschlusses beschleunigt. Zu dumm nur, dass aufgrund der technisch notwendigen Mindestfilzfläche alles nach Lauflernschühchen aussieht: So riesig, als wollte Jesus damit über den See Genezareth surfen, so hässlich, als sei der Besitzer mit beiden Socken in einen Haufen Bisonscheiße getreten. Als Komposition mit der 7/8-Büx bildet die Trekking-Galosche die ultimative Zumutung des Sommers und hat ihre Vorgängerin – Flip-Flop an nackter Stachelbeerstelze – überwiegend abgelöst. Positiv muss zu dieser Saison angemerkt werden, dass ein Großteil der männlichen Bevölkerung sich mittlerweile scheut, in Unterhosen auf die Straße zu gehen. Waren doch die Boxershorts deshalb so beliebt, weil in ihnen das Gehänge des Germanen so schön gegenläufig auspendeln kann. Ist unten am Deutschen also Neues zu vermelden, so ist oberhalb der Abflüsse alles beim Alten geblieben. Die Bierwanne der Männchen ist immer noch in einen kurzärmeligen Schreikrampf eingehüllt, die riesenhaften Glocken der Weibchen bilden

den Haltewulst einer mobilen Umkleidekabine, die sich als Kleid ausgibt. So stimmt uns auch in diesem Lenz – rein ästhetisch gesehen – nur weniges froh.

ARSCHLOCH-WANDERPOKAL

Den gibt's auch ohne Leistung

Ist die Welt auch noch so klein, einer muss das Arschloch sein. Und damit alle mal drankommen in unserer gemütlichen Pissetrinker-Republik, gibt's den Arschloch-Wanderpokal. Kleiner Haken: Er wandert zwar immer weiter, aber wer ihn einmal hat, wird ihn trotzdem nie mehr los – ist also eher so was wie Herpes oder die usbekische Eichelräude. Der Pokal wird so lange vergeben, bis ihn alle haben und wir eine große Arschloch-Gemeinschaft sind, in der ein jeder den anderen hasst. Bisherige Titelinhaber sind: Raucher, SUV-Fahrer, Hundebesitzer, Radfahrer, Männer, Fleischesser und Fleischesserinnen, Stand-by-Geräte-Nichtabschalter, Gelbe-Sack-Bezweifler, Glühbirnen-Letztbraucher, Männer, Oberklasseautoliebhaber, Steuervermeider, Plastikeinkaufstaschennichtmehrfachverwender, Vermieter, Individualverkehrbefürworter, Männer, Katzenliebhaber, Müllnichtsortierer, Einwegflaschentrinker, Fußballfans, Politiker, Leute mit Geld, Promis, Prekarier, Hartzer, Wessis, Ossis, Ausländer, Deutsche, Schwaben, Pfarrer, Finanzoptimierer, Lehrer, Sozialstaatsschnorrer, Bsirskes Schutztruppen, Beamte, Lokführer, Rassisten ... und Männer. Alles Arschlöcher! Und eine Teilmenge nach der anderen wird gebasht, gedisst und ausgesondert. In der Welt der Juroren für das richtige und gute Leben voll Nachhaltigkeit und Ehrfurcht vor der Schöpfung heißen die anderen mit dem Arschloch-Pokal: Fahrer von Spritfressern und Dreckschleudern, Verkehrsrowdys, Hooligans, Kanaken, Nazis, Perverse, Missbrauchstäter, Vergewaltiger, Unterdrücker, Umweltmuffel, Aasfresser, Steuerhinterzieher, Frauenfeinde, Miethaie, Besserwessis, Zonenhonks, Schwanzträger. Wenn sich dann alle irgendwann durchbeleidigt haben und keiner mehr so leben darf, wie es ihm selbst gefällt und nicht den anderen, dann haben wir's geschafft: Dann ist die Welt ein Stück weiblicher geworden. Gelobet sei der Herr, äh … seine Frau. Amen!

SOMMERTIERE

Statthalter der Nachrichten-Flaute

So unwahrscheinlich es in jedem Jahr ist, dass der Sommer noch kommt, so sicher regiert ein anderes Phänomen die nachrichtenarmen Wochen: das Sommertier. Klassiker der Ferien-Fauna ist der Lindwurm aus Loch Ness. Kaum hat das letzte Bundesland Urlaub eingereicht, kriecht das fiktive Biest durch grobkörnige Beweisfotos. Mit den Jahren wurde das Publikum der Seeschlange allerdings müde, und so entstand der Mythos vom Sommertier. Sammy der Kaiman war eines der ersten, 1994 wurde es unterkühlt aus einem Baggersee bei Dormagen geborgen. Einige erinnern sich vielleicht auch noch an Manni, das Känguru, ausgebüxt aus dem Zoo von Bad Pyrmont und nach wochenlanger Odyssee auf der A7 von einem LKW gemeuchelt. Das war 1998, und im selben Jahr entdeckte Reinhold Messner den Yeti im Himalaya. Mittlerweile schreiben wir das Jahr 2004, und in einem Mönchengladbacher Parkteich treibt Kuno der Killerwels sein Unwesen. Nach diversen Angriffen auf streunende Dackel wird das mörderische Vieh schließlich tot im Schilf gefunden, Todesursache unbekannt. Wir bleiben noch ein wenig in Wassernähe und begegnen dort im Jahre 2006 dem Schwanenweib Petra aus Münster. Selbiges verliebt sich in ein Tretboot, und da der Schwan an sich monogam lebt, währt die Liebelei gar der Jahre drei. Doch 2006 gehört nicht dem Parkgeflügel und dessen Perversionen, sondern dem Bären. Im Dezember wird Knut in Berlin geboren und auf Anhieb das Weltsommertier des Jahres 2007. Im Sommer davor hat ein anderer Petz für Aufmerksamkeit gesorgt, und zwar ein brauner namens Bruno, seines Zeichens Österreicher und Schafmörder. Nach der illegalen Einreise in Bayern verhängt der damalige Prinzregent Edmund der Stotterer die Reichsacht über ihn, und kurz darauf wird Bruno rechtmäßig von hinten erschossen. Wir überspringen jetzt mal Flocke, die Eisbärenwaise aus Nürnberg, und Bucki, den Buckelwal aus der Ostsee, um uns dem berühmtesten Zootier 2010 zu widmen: dem Okrakel Paul aus Oberhausen, das sämtliche Ergebnisse der deutschen Nationalelf bei der Fußballweltmeisterschaft vorhersagte. Heidi, das schielende Opossum aus Leipzig, konnte seine Fertigkeiten nie erreichen und schwieg schlauerweise auch gleich zur Frauen-WM. Auch noch im selben Jahr zu bescheidenem Ruhm gelangte Freddy, der Wildschweinfrischling, der mit einer schottischen Galloway-Herde umherzog, kurz darauf aber auch von uns gegangen ist. Favorit für das Sommertier 2011 war Happyfeet, ein Kaiserpinguin, den es 3000 km fort von zu Hause nach Neuseeland getrieben hat, wo er wochenlang in einer REHA-Klinik wieder fit für den langen Heimweg gemacht wurde. Mein Sommertier 2012, 2013 und 2014 ist das Merkel. Genau wie Happyfeet ist es komplett flugunfähig und eigentlich nur durch das andersfarbige Jackett von jenem zu unterscheiden.

KIM JONG-UN, DER BÖSEWICHT

Barbies Alptraum

Saddam ist tot, Gaddafi hat's gerissen, und Bin Laden wurde ausgeknipst: Allmählich gehen uns die Bösewichter aus. Umso schöner, dass Kim Jong-un das Erbe seines Vaters angenommen hat und die USA mit atomarem Erstschlag bedroht. Kein vernünftiger Mensch nimmt an, dass sich demnächst Nordkorea zur Weltherrschaft aufschwingt, oder auch nur Südkorea bezwingen könnte. Insofern hat die Bedrohung des Erdballs durch den hochgefönten Zwerg etwas Augsburgerpuppenkistenhaftes. Selbst wenn Klein Kimmi seine Blechbüchsenarmee in Marsch setzt, so zweifelt niemand, dass es nur eines militärischen Zuckens seitens Chinas bedarf, um dem Treiben ein Ende zu setzen. Weshalb der stalinistische Operettenstaat nicht längst von der Platte geputzt wurde, ist wohl zum einen dem labilen Mächtegleichgewicht in Ostasien geschuldet, zum anderen reißt sich auch keiner um 24 Millionen Hungerleider an seinem Futtertrog. Uns allen, die wir nur von fern zuschauen, gefällt jemand wie Kim Jong-un, denn er erinnert uns an die Bösewichter aus den Kinderbüchern, an den bösen Wolf und Ritter Schwarzherz. In der Wirklichkeit kann nämlich keiner so eindeutig gut sein wie jemand anderes böse. Lichtgestalten wie Barack Obama werden in der Realität immer ihrer prächtigen Kleider entledigt und stehen irgendwann nackt auf der Bühne. Potentaten aus der postkommunistischen Insolvenzmasse wie Wladimir Putin sind nur so halbböse und dabei auch noch richtig gefährlich, also alles andere als Witzfiguren. Ein Berlusconi dagegen ist nur Clown und hat nicht mal eigene Atomraketen. Die Welt ist außerdem viel zu kompliziert geworden, um eindeutigen Charakteren Raum zu bieten. Angela Merkel – in Südeuropa als Wiedergeburt des GröFaZ gebrandmarkt, wird in Deutschland wegen ihrer Politik der Beliebigkeit gescholten. Sozialistische Märchenonkel wie François Hollande verstricken sich in Steueraffären ihrer Minister, SPD-Kanzlerkandidaten wollen die Scharia im Sportunterricht einführen, und Bettina Wulff ist nicht so unschuldig, wie sie immer tut – es ist nicht leicht, noch an das Gute zu glauben. Schön, dass uns wenigstens der Wicht aus Nordkorea nicht enttäuscht: Er lässt sein Volk verhungern, sieht total scheiße aus und droht mit der Atombombe. Keine Haare am Sack, aber La Paloma pfeifen. An Kim Jong-un ist wirklich nichts Gutes dran. Aber das Allerschönste an ihm ist: Es gibt auch nichts, um das wir ihn beneiden müssten. Er residiert nicht mit orientalischem Gepränge wie einst Muhammar al-Gaddafi und hat keine Hundert-Meter-Jacht vor Monaco liegen – nein, der Idiot lebt in einem der beschissensten Länder der Welt und guckt uralte VHS-Kassetten mit noch beschisseneren amerikanischen Serien. So einer wird nicht einmal vom CIA erschossen, sondern stirbt an Verstopfung oder einer Haarsprayvergiftung.

SPASSKASERNEN

Für alles im Leben gibt's einen eigenen Knast

Vergreisen und blödig werden darf man nur noch in der Ablebe-Residenz, für den unangeleinten Teckel gibt's die Hundeauslauffläche, für komplett eingewickelte Muslimas den Klamottenbadetag, für alle Frauen gesonderte Parkflächen, nackte Wanderer finden im Harz eigene Trampelpfade, Behinderte stehen vor Gebäuden an der Rampe – jeder und alles hat in unserer aufgeräumten Bi-Ba-Bundesrepublik seinen abgesteckten Claim. Drum wundert's kaum, dass auch die schlichte Freude nicht einfach auf offener Straße stattfinden darf – dafür gibt es die Fun- und Eventcenter in den Gewerbegebieten. Der kasernierte Spaß besteht aus Pizzafressen, Indoor-Kart-Rennen, einer Kletterwand mit bunten Plastiknippeln, einem Bowling-Center, Trockenski-Pisten und diversen Floors und Areas, die jeweils einem besonderen Verfettungsfraß gewidmet sind: Tex-Mex-Hühnerflügel, Pasta Napoli, Vietcong Asia Food, Chicken-Döner Hawaii, Falafel mit Kartoffeln, Gyros-Pizza und Haifisch-Wrap mit ganzen Fischen. Jede Nische der Spaßkaserne ist mit Fototapete, Schilfmatten und Plastekrempel in eine kitschige Folklorehöhle verwandelt worden. Wenn man besoffen genug ist, vergisst man vielleicht für Sekunden, dass man sich nicht in Bella Italia befindet, sondern in einer Fertigteile-Betonhalle im Gewerbepark. Die Surrogate wirklichen Lebens und Erlebens in der Hölle des Bespaßens sind so billig und erbärmlich, dass es einen schaudert, dort erwachsene Menschen vorzufinden. Schlimmer noch wird's, wenn systematisch Kinder angelockt werden, um sie schon in jungen Jahren von phantasiebegabten Individuen in unkritische Konsumreptilien zu verwandeln. Denn es gehört mittlerweile zum guten Ton, dass Geburtstage von Kindergarten-Frischlingen in kasernierten Fun-KZs abgewickelt werden, statt der juvenilen Blase ein paar Stunden unbeaufsichtigte Anarchie zu gönnen. So erfahren schon die Kleinen beizeiten, dass nichts umsonst ist in

Hinter der Mauer gehen die Löwen noch weiter. Was da passiert, sag ich nicht.

dieser Gesellschaft, dass sogar der harmlose Spaß gebucht und bezahlt werden muss. Umso leichter fällt es ihnen dann als Erwachsene, zwecks Ehehygiene eigens ein Love-Hotel zu beziehen, wie's heute schon der Japaner tut. Vieles von dem, was einst selbstverständlich zu Haus geschah: mit Freunden Spaß haben, Verstecken oder Karten spielen, singen, feiern, fröhlich sein – das geht nur noch in der eventbetreuten Spaßkaserne. Vielleicht kommt schon bald nicht mal mehr einer zur Beerdigung, wenn in der Aussegnungshalle keine Kletterwand vorhanden ist oder man anschließend nicht noch 'ne Runde mit dem Go-Kart um die Wette übern Friedhof brettern darf.

DAGMAR UND GERNOT

Hat Gott das gewollt, als er den Menschen schuf?

Einmal im Monat fahren Dagmar und Gernot rüber ins Elsass zu Jean-Jacques, ihrem Käsehändler. Sein Chaiselongue de Prute, zu einem eiskalten Sancerre mit frischem Pain de Pays genossen, ist ein Traum. »Jean-Jacques hat einen dermaßen knuffigen kleinen Laden, dass Gernot jedes Mal an der Abzweigung vorbeifährt«, gluckst Dagmar, wenn sie von ihrer monatlichen Tour de Fromage berichtet. Manchmal laden sie danach andere Ehepaare um die fünfzig zu einer Käse-Degustation ein, zumeist solche, die sich auch für ein bewusstes Leben im öffentlichen Dienst entschieden haben. Jetzt, da Gernot doch noch Regierungsrat geworden ist, haben sich die beiden Fromage fressenden Arschgeigen ein Elektro-Auto gegönnt, damit sie die tausend Kilometer hin und zurück zu dem welschen Käsepuff nachhaltig zurücklegen können. Gernot und Dagmar arbeiten hart

122

an ihrem ökologischen Fußabdruck. Wenn sie im Winter zum Tauchen ans Rote Meer fliegen, vergleichen sie vorher den Kerosinverbrauch der verschiedenen Fluglinien. Bei ihrem Videoprojekt mit verhungerten somalischen Frauen hatte Dagmar damals sogar gefordert, dass ihre Assistentin und die Studierenden nicht mit ihr runterfliegen, sondern mit dem Bus bis Mogadischu fahren. Gernot hat neuerdings eine leichte Arthrose, deshalb kann er das Müsli nicht mehr mit der Hand malen. Nach langem Überlegen haben sie sich gegen eine elektrische Mühle entschieden. Sie lassen sich das Müsli jetzt frisch gemahlen jeden Morgen um Viertel nach sieben vom Biokurier an die Haustür bringen. Obwohl sie keinen Atomstrom verwenden, versuchen Dagmar und Gernot, Energie zu sparen. Ihren Kühlschrank haben sie abgeschafft. Gernot huscht lieber zweimal am Tag schnell aus dem Institut zum Mutter-Erde-Laden und bringt die frischen Sachen gleich nach Haus. Für die kurze Strecke nimmt er sein Rad ... mit in den Bus. Er will damit ein Zeichen setzen gegen die autoverseuchte Stadt. Abends um halb vier auf dem Nachhauseweg von ihrem anstrengenden Job gönnen sich Dagmar und Gernot manchmal einen Hähnchen-Döner am Bahnhof und kotzen ihn zu Hause vor Selbstekel blau angelaufen in den Spartastenflachspüler. Dagmar und Gernot werden im nächsten Jahr beide 48 und wollen sich dann in eine Passivhausanlage für betreutes Wohnen einkaufen. Laut statistischer Lebenserwartung und ihrem physischen Erhaltungszustand müssen sie dort noch 30 Jahre aushalten – Kotz!

STÄDTEREISEN

Urbaner Augenstillstand

Es gibt Urlaub, und es gibt Reisen. Der Urlaub dient der Erholung: Körper und Geist sollen sich vom Stress des Alltags ausruhen, oder wie es im Prospekt-Deutsch heißt: »auftanken und die Seele baumeln lassen«. Sprache kann auch ganz schön ekelig sein. Die Realität sieht natürlich vollkommen anders aus: Im Urlaub wird das Buffet leergefressen, nachts durchgesoffen und tagsüber am Strand ins Laken gefurzt – basta. Demgegenüber konserviert das Reisen noch immer den Nimbus des Sichbildens und Kennenlernens anderer Kulturen, auch wenn es schon lange zum Besichtigen und Anstarren modrigen Gemäuers verkommen ist. Als Goethe nach Italien reiste, musste er als Preis für den Zugewinn an Eindrücken tagelang seinen Körper in einer eisenbereiften Kalesche über Katzenkopf-Pflaster schinden. Zu seiner Zeit gehörte ein Überfall auch zu dem, was einen in der Fremde mit Sicherheit erwartete. Kurz gesagt, Reisen war mindestens beschwerlich, wenn nicht lebensgefährlich, und dieses Martyrium zu überstehen, machte einen Gutteil des Reisens überhaupt aus. Darauf hat der Hakle-Feucht-Verwender mit der Lebensrücktrittversicherung natürlich keinen Bock mehr. Drum bildet sich bei ihm durch eine Reise auch nichts mehr außer Schimmel auf der Großhirnrinde. Die letzte Bastion der von kulturellem Interesse geleiteten Ortsveränderung war bis vor kurzem die Städtereise. Auch die ist aber mittlerweile auf dem Endpunkt allen menschlichen Vegetierens angekommen: saufen, fressen und zwischendurch sich verarschen lassen. In angewandter Zeitverschwendung heißt das: Ob Paris, London, Berlin oder Hamburg – besucht wird das örtliche Wachszombiekabinett von Tante Tussaud, daneben liegen passenderweise das örtliche Gruseldungeon und der AquaDom, und gegenüber kann man im Hard Rock Café Chickenwings mit Salsajauche fressen, fertig ist die Städtereise. Scheiß doch was auf Louvre, Museumsinsel oder Towerbridge. Allein beim Saufen dürfen die Metropolen noch ein Stückchen ihrer Identität entfalten: Prag war einst bekannt für die Unmengen Bier, die man äußerst günstig in den Pansen prügeln konnte, die Hauptstädte des Baltikums haben aus dem gleichen Grund Jugendliche aus aller Welt angezogen. Heutzutage scheint Berlin in puncto Augenstillstand in Abhängigkeit von Zeiteinheit und Finanzen die Nummer eins zu werden. Nicht nur kann die Alk-Schlempe hier äußerst günstig erworben werden, auch eine Darreichungsform hat Berlin allen anderen Städten voraus: das Bier-Fahrrad. Während der Teilnahme am öffentlichen Verkehr sich breitzusaufen, ist noch immer der feuchteste aller Träume vieler Jungmännerhorden aus allen Teilen der Welt. Dabei rumgrölen, Passanten anpöbeln und direkt auf die Fahrbahn pissen – was könnte es Schöneres geben mitten im Großstadttrubel? Ballermann on wheels ist die Berliner Attraktion. Wenn man jetzt noch mit der Sauf-Draisine um den Pergamonaltar kreisen und Nofretete anpissen könnte, wäre das Glück perfekt. Und gut zu Berlin passen würde es außerdem.

NON-ALKOHOLIKA

Kielwasser der Promille-Hysterie

Flüssigkeiten ohne Alkohol einzupfeifen gilt noch heute unter altgedienten Priapisten als mädchenhaftes Getue. Bestenfalls um die Fahrlizenz nicht blankzuschmeißen, greift der Rüde mal zur Cola oder zum Zitronensprudel. Noch 'ne Stufe tiefer rangieren die Säfte, weil der Verdacht auf Gesundheitsförderung nicht letztendlich ausgeräumt werden kann. Elaborate wie Rhabarber- oder Karottenjauche sind zudem ideologisch dermaßen überfrachtet, dass man sich schon beim Bestellen als Sitzpisser outet. Unverdächtig ist da noch der O-Saft, weil auch als Trägerrakete für Wodka zum Manne gereift und deshalb selbst ohne russischen Freund akzeptabel. Steigen wir das Treppchen der ekelhaften No-go-Beverages noch weiter hinab, so landen wir zwangsläufig bei alkoholfreiem Bier. Was für ein Gesöff, das sich durch einen nicht enthaltenen Zusatzstoff interessant machen will. Warum trinken Menschen so was, warum greifen sie dann nicht zum ehrlicheren Wasser? Wenn's denn so einfach wäre: Dem Bier werden die Cojones vom Ast gerissen, um es auch der Micra steuernden Bachelorette als Knuddelbrause offerieren zu können, dem Wasser andererseits wird zusätzlich esoterisches Geschwurbel angedichtet, um schlichten Gänsewein in einen Jungbrunnen hochzupimpen. Dabei könnte man rein chemisch gesehen die Rübe genauso gut in den Tiefspüler tunken und erhielte auch H_2O von hervorragender Qualität, aber nein, es muss das Heilwasser aus den Tiefen der usbekischen Vulkaneifel sein. Nicht dass das besser wäre, aber die Vorstellung trinkt eben mit. Und wenn das Wasser aus der Wand sprudelt, dann denkt das gemeine Hirn an die medikamentengesättigte Oma, durch die das feuchte Nass noch vor kurzem seinen Weg nahm. Auch wenn es klar und sauber aus dem Pergulator perlt, so saugt die Phantasie des Endverbrauchers doch noch lieber an exotischem Mineralgestein als am Nierenstein und dem eingebildeten Pipi von Omma Krause. Diese angebliche Ursprünglichkeit – die Behauptung, dass dieses Wasser noch nie durch die Pissrinne eines Menschen getröpfelt und noch frei von Opas Tablettenresten und der ausgestrullten Antibabypille der Schlampe von gegenüber ist – macht Wasser zum Heiligtum. Wird etwa bei der Taufe alkoholfreies Bier über den Säugling gekippt, badet Jesus die Schweißmauken seiner Jünger in Rhabarbersaft? Nein, es ist Wasser. Allein beim Abendmahl wird zum Alk gegriffen, weil der rote Wein ja das Blut Jesu darstellen soll und es etwas albern wäre, reichte der Pfaff den Kelch in die Runde mit den Worten: Nehmt hin, denn dies ist meine Lymphe. Doch noch sind wir nicht am untersten Ende der alkoholfernen Ersatzflüssigkeiten angelangt. Wenn einen der Frisör vor dem Haarschnitt süffisant anschwult – »'nen Cappu oder 'nen Juice?« – dann gibt es nur eine korrekte Antwort. Für mich, Chefin, einen Doppelkorn.

STAUBSAUGER

Verdammtes Drecksgerät

Warum kann eine Menschheit, die zum Mond fliegt, nicht den Hunger der Welt besiegen? Weiß ich auch nicht, aber warum kann sie nicht wenigstens einen Staubsauger erfinden, der weder stinkt wie ein ungeduschter Hirtenhund, noch diesen abscheulichen Höllenlärm verbreitet. Ja, auch das weiß man nicht. Selbst wenn dieses im wahrsten Sinne des Wortes Drecksgerät nicht läuft, geht es einem auf die Nerven. Denn es besteht ja nicht wie früher, als die Technik noch dem Menschen diente, aus einem saugenden Besenstiel mit Motor und Beutel, der von der Hausfrau spielerisch mit einer Hand um die Möbel geführt werden konnte. Die heutigen Staubmonster gliedern sich in drei Teile. Das Hauptaggregat nimmt Motor und Staubbeutel auf, ist so groß und schwer wie zwei zusammengewachsene Rottweilerärsche und steht auf mickrigen Kullern. Hat man das Pech und bewohnt mehrgeschossige Behausungen, darf man den arschigen Motorwagen am langen Arm bugsieren. Der Griff ist so montiert, dass sich beim Anheben des Zentnergewichts das Mörderteil in seine eigene Diagonale einpendelt, nicht ohne vorher das Schienbein des Trägers mit etlichen blauen Flecken zu beglücken. Als ob dieser Teil des Staubsaugers nicht schon ekelerregend genug wäre, besteht er noch aus zwei weiteren Elementen: dem gefühlt einhundertfünfzig Meter langen Schlauch und dem daran sich anschließenden Saugprügel nebst Bürstenvorsatz. Dieses ungelenke Geraffel eine Stiege hochzubugsieren, gehört zu den abscheulichsten Verrichtungen, die ein moderner Haushalt zu bieten hat. Ach wie romantisch war es doch früher, als man den vollgestrullten Nachtkübel der Gattin zum Misthaufen tragen konnte – alles passé, für Romantik ist heute kein Platz mehr. Bei feuchten Zwischenfällen wie diesen hilft heute der Nasssauger, der die Gattin gleich auch noch mit abbürstet. Da hat der Mann dann abends frei. Zur großen Familie der nervigen Haushaltsgeräte gehört neben dem Staubsauger und seinem feuchten Bruder dem Nasssauger auch noch der Wasserkocher. Ist es denn physikalisch wirklich unmöglich, den beknackten Gänsewein ohne Mordsgetöse auf 100 Grad Celsius zu erhitzen? Doch welch lieblicher Gesang ist der röchelnde, brodelnde und pfeifende Boiler gegen einen Staubsauger, wenn er erst angeworfen wird. Unmittelbar macht sich dieser pestartige Gestank nach modriger Braunbärensackbehaarung in der Wohnung breit, der Lärm lässt jede Unterhaltung schier aussichtslos erscheinen, das Gewirr aus Stromkabel und Saugrüssel reißt Sessel und Bodenvasen mit sich fort. Und am allerschlimmsten: Der Mensch führt nicht mehr, wie einst, leichthändig die Vampyrette ums Gestühl, sondern rackert wie ein Galeerensklave. Immer wieder schiebt er den Bürstenvorsatz über den nämlichen Kuchenkrümel, ohne dass dieser auch nur die geringsten Anstalten unternähme, sich aufsaugen zu lassen. Herr, der du bist allmächtig, befreie uns endlich vom Staubsauger und schenke uns ewigen Frieden. Amen.

DAS GROSSE ABKACKEN

Europa hat's hinter sich

Der Grieche hat's hinter sich, weiß es nur noch nicht. Der Rest vom Mittelmeer geht hinterher. Sobald sich die internationalen Finanzverbrecher an Südeuropa und Irland satt gefressen haben, geht's den besseren Lagen an den Kragen. Zuerst wird wohl die europäische Käsetheke dichtgemacht, denn ausschließlich mit Atomkraftwerken brummt die Wirtschaft eben auch nicht. Ab und zu müsste auch der Herr Frisör aus dem Lotterbett kriechen, um das Bruttosozialprodukt zu steigern. Ist erst der Froschkönig tot, heißt es auch bei den Linksträgern jenseits des Kanals »Last orders, gentleman«. Wenn ein menschlicher Körper an Hunger leidet oder erfriert, dann zieht er sich immer mehr in seinen Torso zurück. Zuerst sterben die Extremitäten ab, um die letzte Energie für die lebenswichtigen Organe im Zentrum zu nutzen. In Europa beobachten wir den gleichen Prozess, die Peripherie stirbt ab, und im Kern konzentriert sich die verbliebene Lebenskraft. Warum allerdings der tote Fuß am Balkan noch mit Blut versorgt wird, darüber rätseln nicht nur Ökonomen. Nun fault der ganze Stiefel nach, und noch immer wollen Mutti und ihre sieben Zwerge nichts von Amputationen wissen. Dabei weiß jedes Kind, dass über kurz oder lang der gespendete Lebenssaft als faulige Brühe in den Torso zurückfließt und den ganzen Körper vergiftet. Man möchte den Gott des Alten Testaments anflehen: »Oh Herr, was haben wir getan, dass du uns die schwarzgelbe Plage gesandt hast, die einen ganzen Kontinent den Heuschrecken überlässt?«

Der Grieche ist schon zweitausend Jahre länger erwachsen als wir, kann er da nicht allmählich selbst für sich sorgen? Und warum kann der Italiener – Nachfahre eines Weltreiches, Heimat des katholischen Ober-Standortpfarrers Pontifex des Allwissenden oder so ähnlich – nicht bis zwei zählen? Und Spanien, du alte Raubritternation: Ist das geklaute Inka-Gold etwa schon alle? Allein Irland billigt man ein gepflegtes Verwesen am lebendigen Leibe zu, denn auf der grünen Insel war selbst die tote Hose immer schon voll Löcher.

Bauer sucht Frau – NEU-NEU-NEU: jetzt mit alles!!!

Doch sollen wir deshalb all unser europäischen Brüder Hüter sein? Können die ihren verdammten Arsch nicht allein am Kacken halten?

UNERWÜNSCHTE SEGNUNGEN

Stalaktiten, Satanisten oder so ähnlich

So! Und wohin jetzt damit? 25 Millionen Koräne – oder gibt's von der heiligen Schrift gar keine Mehrzahl? – wollen die demnächst irgendwo deponiert werden. Sicher nicht alle, und höchstwahrscheinlich werden die Stalaktiten auch nicht alle los. Doch der ein oder andere, der durch die Prekarierzone schlendert, greift gedankenlos zu und siehe da, es war nicht der Prospekt vom Mobilfunkhasen, sondern – ggrrrhh, uahhhh – der Koran. Nun, man hätte halt besser hinschauen sollen. Jung, hübsch, weiblich gleich Flatrate-Reklame; zugewachsener Zausel mit gehäkeltem Untersetzer auf der Rübe: Achtung, hier droht Gefahr. Die Bibel, auch eine heilige Schrift orientalischer Welterklärung ist meines Wissens nur abstrakt heilig, quasi als göttlicher Datensatz. Der Koran hingegen als konkretes Druckwerk – wer's vergessen hat, erinnere sich doch bitte an die tollwütigen Irren in Afghanistan angesichts der vorgeblichen Brandschändung durch amerikanische Soldaten. Wirft man ein zerlesenes Evangelium in die Mülltonne, weil man denkt, es müsse mal ein neues her, lästert man nicht seinen Gott, sondern lobpreist ihn gar in Form der druckfrischen Neuanschaffung. Gottes Wort der Christen zu schänden ist gar nicht so leicht, selbst die turnusgemäßen Neuübersetzungen absurdester Provenienz gelten nicht als Gotteslästerung. Die »Bibel in gerechter Sprache« etwa, in der es heißt »Vater und Mutter im Himmel«, verlangt schon sehr viel gebremste Phantasie, um sich den Herrn dort droben nicht als Transe vorzustellen. Sei's drum, so dämlich diese pseudomoderne Anbiederung an den

Zeitgeist auch sein mag, zeugt sie doch von einer großen Toleranz in unserer christlichen Haustier-Religion.
Das versuche mal einer mit dem Koran – sollte mich
nicht wundern, wenn sich sofort irgendjemand auf der
Welt den Sprenggurt umschnallt und den Übersetzern
ein kümmerliches Dasein im Panic Room von Jyllands-
Posten drohte. Zurück zum Problem. Was tun mit leicht-
fertig angenommenen Koränen, wenn man zu Hause
merkt: Ist doch nix für mich. Wie werde ich ihn wieder
los, ohne dass ich damit den Dritten Weltkrieg auslöse?
Gibt es beispielsweise in muslimischen Begegnungsstätten Annahmestellen für Gefahrgut, in denen man
ganz legal den Koran wieder zurückgeben kann? Wenn
nicht, wäre eine solche Einrichtung eine schöne Geste,
um zu zeigen, dass der Islam tatsächlich zu Deutschland
gehört und nicht zum orientalischen Mittelalter.

HOMESTORY

Ein Selfmademan erzählt

Ja, hier fing alles an vor dreißig Jahren. Mit meinen eigenen Händen hab ich damals die Witwe des Vorbesit-
zers geheiratet und dann ihr Geld von der Bank geholt.
Es war 'ne harte Zeit, ich weiß, was Hunger ist. Ich habe
es selbst vor Jahren am eigenen Leib erfahren müssen,
als mir in einem strengen Winter das ganze Personal er-
froren ist – hier im Haus, eine unglaubliche Frechheit.

Deshalb gebe ich den armen Leuten gern etwa ab von
den Buffetresten, die meine Hunde nicht mehr anrühren.
Kommen Sie, ich zeig' Ihnen mein bescheidenes Reich.

Zwei Hektar sind's bis hinten zu den Bäumen. Wenn die Schwarzen nicht so faul wären in meinen Werken unten im Kongo – ich hätte längst eine 18-Loch-Anlage durch die Häuserzeile gefräst, 50 Millionen bar auf den Tisch und weggeputzt. Wissen Sie, ich lasse dort Tellerminen für den heimischen Markt konfektionieren, hergestellt direkt vom Endverbraucher, hahahahaa. Kleiner Scherz! Aber was soll's, ich brauch das alles nicht, Luxus bedeutet für mich: ein Glas Wein und dazu ein Gedicht von Rilke. Und ein schlichtes Outfit in Topqualität. Hab ich mir in China anmessen lassen, echte Shantung Seide von Kindern in Nachtarbeit geklöppelt, hahahaha. Hat mich 120 Yuan gekostet, sind knapp 11 Euro. Dazu noch mal der Flug im eigenen Learjet hin und zurück insgesamt also 85 tausend und 11 Euro. Mit der Globalisierung ist ja alles viel günstiger geworden.

Mein bescheidenes Anwesen. Das war vorher eine Behinderteneinrichtung. Haben die ganzen Böden ruiniert mit ihren Krücken, hat mich ein kleines Vermögen gekostet, das alles wiederherzurichten. Aber es ist schließlich auch mein Land, da spüre ich eine Verantwortung. Auch als Unternehmer. Einem meiner hiesigen Arbeiter sind in der Spätschicht letztens die ganzen Organe abgepfiffen. Er hat Glück, dass ich sone soziale Haut bin. Hab dem Mann für eine Woche eine Herz-Lungen-Maschine spendiert, danach muss er allerdings selber sehen, wie er klarkommt … Fördern und fordern, das ist mein Motto.

Meine Leute arbeiten gerne für mich, ich zahle ihnen dreimal so viel wie den Schwarzen in meinen afrikanischen Gruben. Das ist mir der Standort Deutschland wert. Es gibt ein elftes Monatsgehalt und wenn jemand unbedingt zwei, drei Tage Urlaub haben will im Jahr – da bin ich der Letzte, der nein sagt.

Das ist übrigens Colette, ihr Vater schuldet mir acht Millionen. Colette, sag mal was Nettes.

Colette: »Liebling, gibst du mir 20 Euro zum Einkaufen bitte, ich hab keinen Essigreiniger mehr fürs Bad.«

Ist sie nicht süß? Hier sind 25, kauf dir was zum Ausziehen. Den Kassenbon wie immer in Kopie an mein Londoner Büro.

Colette: »Brauchst du mich noch, Liebling?«

Steh einfach nur rum, sieh gut aus und halt den Mund, Schatz. Früher hatte ich Ehefrauen – lästig, teuer und schwer zu entsorgen. Heute bevorzuge ich erotische Rauminstallationen.

Frauen sind mir im Grunde ein Greuel, sie schmutzen und schleppen dauernd tote Pflanzen in die Wohnung – Colette ist selbstreinigend.

So ein braves Tier, die Colette! Kommt trotzdem weg in zwei Wochen, rechnet sich einfach nicht mehr, der Sex am Standort Deutschland, hahahajaha. Kommen Sie, ich zeig Ihnen noch was.

Von hier hat man einen herrlichen Ausblick auf die Plattenbauten drüben im Osten. Beneidenswerte Menschen: keine Verantwortung, kein Jetlag, kein Geldbote, der einem morgens um elf aus dem Schlaf klingelt. Da draußen leben sie und ihre dicken Frauen und sind glücklich mit ihren 375 Euro Hartz IV. Das ist eine Menge, umgerechnet auf meinen Lebensstandard wären das 1,8 Millionen pro Monat. Da muss eine alte Prostituierte aber lange für stricken, ich weiß gar nicht, was die haben, diese Leute. 1,8 Millionen, ich komm da doch auch mit aus.

Wenn Sie jetzt keine weiteren Fragen haben, darf ich mich verabschieden. Ich fliege in einer halben Stunde nach Mallorca. Da nehme ich gewöhnlich meinen Nachmittagsespresso. Man muss den Sozialneid hier ja nicht unnötig schüren. Früher gehörten mir 20 km Küste dort unten – als Mallorca noch ursprünglich war. Da konnte man jedes Jahr eine 500er-Einheit Hotelbetten an den Strand protzen, und alle waren zufrieden. Seitdem die Naturschützer mitreden, ist das alte Mallorca verschwunden.

Meine Jacht liegt da noch vor Anker. Ich hab ein paar Mädels für den Nachmittag gemietet. Wissen Sie, ich hab gern jeden Tag frische Blumen in der Vase, wenn Sie verstehen, was ich meine.

Bleiben Sie ruhig noch einen Moment. Einmal kurz, einmal lang pfeifen, dann bringt Ihnen Colette einen Kaffee, zweimal lang pfeifen und die beiden Bullmastiffs kommen. Also adiós und Vorsicht beim Pfeifen!

VORFELDMITARBEITER

Mal nur als ein Beispiel

Es gibt so etwas wie den demokratischen Kollateralschaden, und der geht so: Eine winzige Gruppe Werktätiger mit Schlüsselfunktion in einer Logistikkette – sagen wir mal Flughafen – ist in einer ebenso winzigen Gewerkschaft organisiert. Deren Häuptling muss turnusmäßig die Sau rauslassen, denn sonst laufen ihm die Beitragszahler weg. Ebendeshalb haut er ab und zu ordentlich auf die Kacke, fordert das ewige Leben plus Einmalzahlung von sieben Monaten Geschlechtsverkehr und steht ganz weit oben in den Medien. Das alles könnte einem schwerst am Arsch vorbeigehen, wenn diese Handvoll Hanseln und ihr Ajatollah nicht den All-

136

tag von Millionen Menschen durcheinanderbrächten. Das wäre etwa der demokratische Kollateralschaden, der sich aus dem allgemeinen Streikrecht ergibt. Niemand spricht den Vorfeldmitarbeitern des Frankfurter Flughafens das Recht ab, für eine bessere, meinetwegen sogar vollkommen überzogene Gehaltsaufbesserung zu streiten – aber warum müssen wir Unbeteiligte in diesen Streit mit einbezogen werden? Warum müssen es Millionen unschuldiger Bürger ausbaden, wenn Müllwerker, Lokführer, Lehrer, Hortplatz-Ranger und Kiefernorthopäden der Staatsforste ihrem Arbeitgeber mehr Kröten abtrotzen wollen? Euer Gehalt ist uns vollkommen piepegal, genauso wie euch unser finanzielles Auskommen wohl nicht interessieren dürfte. Regelt eure verdammten Privatangelegenheiten gefälligst ohne Beteiligung der Öffentlichkeit! Das Streikrecht ist zwar eine heilige Kuh der demokratischen Verfassung, das heißt jedoch nicht, dass es ein Denkverbot geben darf, sich über alternative Strategien zur Durchsetzung von Partialinteressen Gedanken zu machen. Denn das ist genau der Unterschied zu einer Anti-Atom-Demonstration oder einer Kundgebung gegen NPD-Aufmärsche. Sind dies allgemeine Willensbekundungen in einer demokratischen Gesellschaft, handelt es sich bei Gehaltsverhandlungen von Vorfeldmitarbeitern am Frankfurter Flughafen oder ähnlichen Kleinstverbänden um ein Phänomen, das wohl kaum die Teilnahme größerer Bevölkerungsschichten rechtfertigt. Statt zu alles und jedem eine Meinung vor sich hin zu fusseln, sollten sich Gewerkschaftsfunktionäre einmal Gedanken darüber machen, wie man das eigene Droharsenal vom frühindustriellen Folklore-Krempel des 19. Jahrhunderts entrümpeln kann. Arbeitsniederlegung, Mülltüten übern Topf ziehen und in Trillerpfeifen tröten –

alles schön und gut –, aber so richtig schweinemäßig cool kommt das nicht mehr rüber im 21. Jahrhundert.

POWER-BALANCE-BÄNDER

Handschellen für hohle Birnen

Es gibt noch Hoffnung für diesen Planeten, für die Griechen, die FDP, für alle Heckenpenner und Zecken-züchter dieser Erde. Der Hoffnungsschimmer heißt: Blödheit. Wie ein nie versiegender Quell, ein niemals erschöpftes Flöz bildet die Blödheit der vielen das Fundament für den Reichtum der wenigen. Man muss diesen großartigen Schatz der Menschheit nur an der richtigen Stelle und mit dem richtigen Werkzeug anbohren. Zum Beispiel mit Power-Balance-Bändern. Die kosten schon mal 70 Euronen im Verkauf, dafür ferkelt der Chinese sie aber für unter einen Euro zusammen. Das ist eine Gewinnspanne von schlappen 7000 Prozent. Statt über Eurobonds zu faseln, reichte es doch, wenn Barroso und die Troika eine Milliarde Plastebänder mit dem Hologramm von sagen wir mal Costa Cordalis auf den Markt schmissen, und schon wäre der Hellene saniert. Das größere Hologramm wohnt nämlich nicht in dem Power-Balance-Bändchen, sondern unter der Knochenmütze des Käufers, so hohl wie eine 25-Watt-Birne und null Gramm Brägen zu viel. Wenn aber erst die Neopren-Strippe am Armgelenk baumelt, dann ist der Energiefluss im Körper ausbalanciert, und beim Wirtstier steigert sich die Leistung ins Unermessliche. Sollte es wider Erwarten doch nicht klappen mit der Energie-

138

balance, schlage ich vor, mit zwei Nägeln gleichzeitig in nebeneinanderliegenden Steckdosen rumzustochern. Für Landbewohner mit Wiesen in der Nachbarschaft böte sich auch an, den elektrischen Weidezaun mit eigenem Urin zu beregnen. Das sich daraus ergebende intensive Gefühl wird kein Power-Balance-Bändchen je erreichen, selbst wenn man den eigenen Schniedel damit würgt. Was hat der moderne Mensch eigentlich dem Urwaldneger voraus, über dessen Amulette und Pflöcke im Zinken er sich imperialistisch mokierte? Nun da auch Häuptling iPhone die Welt um ihn herum nicht mehr versteht wie ehedem der Menschenfresser, rettet er sich genau wie jener in Geisterbeschwörung und Fetischglauben. Aber da ist mir eine abgefaulte Hasenpfote in der Tasche oder ein verstohlener Blick in den Hühnerarsch doch ehrlicher bescheuert als dieses pseudowissenschaftliche Geschwafel neuzeitlicher Schamanen. »Das Quantum-Science-Bioenergie-Armband mit optimalem Nanoeffekt liefert handgefertigte sakrale Energie für stylische People.« Du mich auch, und zwar nicht zu knapp. Etwas Tröstliches hat der ganze Holo-Plaste-Schwachsinn: Die Blödheit der selbstreferentiellen Bundestrojaner stirbt niemals aus, und wer sie zu nutzen weiß, ist mit Recht reich und glücklich.

WACKEN ÜBERLEBT

Aber nur ein Jahr lang

Wie die Grande Armee Napoleons auf ihrem Rückzug aus Russland, so stelzen die dicken schwarzen Vögel durch den Schlamm von Wacken in Schleswig-Holstein. Über dem ganzen Gelände liegt eine Betonplatte aus Krach, genannt Heavy-Metal. Achtzigtausend Schlamm-Fans treffen sich einmal im Jahr für fünf Tage und nehmen dabei den ohrenbetäubenden Lärm notgedrungen in Kauf. Scheiße aussehen ist keine Bedingung, hilft aber. Wer nicht von der Natur mit einer erotikneutralen Leibeshülle gesegnet ist, kann diese durch Fast-Food-Abusus bis auf ihre doppelte Größe hochpimpen und bewegt sich dann in Wacken wie ein Fisch im Wasser. Alle Textilfarben außer Schwarz erregen den Verdacht auf Lebensfreude und Spaß an irgendetwas – das aber ist nicht »True«, wie das Schwarzwild sagt, wenn es Verhalten und Erscheinung eines Mitmenschen den TÜV-Stempel verweigert. Gern wird hervorgehoben, wie unheimlich friedlich die Metaller sind. Aber woher sollten sie auch die Kraft für aggressives Verhalten nehmen, wenn ihnen tagelang die Hutze weggeblasen wird von Lärmerzeugern, gegen die eine startende Antonow wie ein Wiegenlied klingt? Der Reiz der dargebotenen Klangkunst liegt jedoch nicht nur in ihrer Lautstärke, sondern vor allem in der vollständigen Ablehnung jedweden Anspruchs auf Komplexität. Wenn der Arsch ein Musiker wär, Heavy Metal wäre seine Musik. Und wenn Heavy Metal Musik ist, dann ist der Furz eines Nilpferdes Liebeslyrik. Esst mehr Scheiße, 80 000 Fliegen können nicht irren. Leicht gesagt, und doch ist das Phänomen Wacken so nicht zu verstehen. Die einen kehren Jahr für Jahr an diesen Ort zurück, weil er ihnen das Gefühl gibt, einer Elite-Bruderschaft der Dazugehörigen anzugehören – wie bescheiden können doch die Ansprüche an ein kurzes Leben sein. Dann gibt es noch die weniger Tätowierten, nicht ganz so arg Zerbeulten, die es immer wieder nach Wacken zieht, auf der Suche nach einer etikettenfreien Auszeit in ihrem Alltag als Prickel-Pit-Außendienstmitarbeiter oder UPS-Kurierfahrer. In einem Meer aus vermeintlich Gleichgesinnten zu baden ist eine so seltene Erfahrung in unserer ausdifferenzierten Moderne, dass ein nicht geringer Teil der Wackenbesucher sogar die Musik in Kauf nimmt, um an diesem Gemeinschaftserlebnis teilnehmen zu dürfen. Zuletzt gibt es noch die dritte Gruppe der Zoobesucher, die sehen wollen, zu welchen Atavismen die menschliche Spezies noch so fähig ist, um sich hernach im geheizten SUV auf der Heimfahrt wohlig zu gruseln. Das sind im Grunde die einzig wirklich Ekeligen unter den Besuchern. Wer absolut nicht dazuzugehören will,

Im Vorbeiflug grade noch erwischt, das Biest.

bleibe unter allen Umständen auch im nächsten Jahr zu Hause.

MÜTZEN UND HÜTE

Keine Haare kann man schließlich nicht lang wachsen lassen

Hut und Mütze, einst erdacht, um vor den Unbilden der Witterung zu schützen, haben heute auch im Zivilleben eine Bedeutung erlangt wie früher nur beim Militär. Dort trug man Schiffchen, Helm, Schirmmütze oder Barett nicht etwa, weil's einem sonst die Glatze versengte oder das Gelöffel abfror, sondern um von weitem schon zu zeigen, zu welcher Einheit man gehörte. Genau das beabsichtigt auch der Spätpubertist, wenn er sich einen Opahut aus den Sechzigern auf die schüttere Igelfrisur stülpt. Jan Delay oder Roger Cicero sehen darunter zwar aus wie eine schlechte Kopie des Kommissars, aber weil ihre Klientel den gar nicht mehr kennt, halten sie's für innovativ und laufen genauso rum. Verdenken kann man es ihr nicht, denn nachdem alle Welt die Baseballkappe trägt, zum großen Teil sogar verkehrt herum oder schräg auf der hohlen Birne, und das Logo der New York Yankees bis zur Schädelkappe des Rentners vorgedrungen ist, musste was passieren. Nun hätte man auch zur Barhäuptigkeit zurückkehren und sich wie ehedem der Großvater die Matte lang wachsen lassen können. Wenn's denn so simpel wäre! Die derzeit in den Zwanzigern sich befindende Generation ist komplett unter der Dauerberieselung von östrogenverseuchter Dosenwurst und ähnlich mädchenmachenden

142

Giften aufgewachsen. Die Folge: Kapitulation vor dem Gender-Tsunami und frühe Ausbildung der Fleischmütze. Letztere in ihren schlimmsten Auswüchsen zu tarnen ist Grund für die Rasurglatze weit über die Grenzen des gelebten Faschismus hinaus. Übergangsweise tut's aber auch das Kopftextil, angeboten in den Formen Jail-Cap, wie es in US-amerikanischen Zuchthäusern getragen wird, vereinzelt auch noch als Baseballkappe oder schon wieder im Abklingen als der »Trilby« genannte schmalkrempige Opahut. Groß im Kommen hingegen ist das Kopfkondom, eine gestrickte Riesenlümmeltüte, die den ganzen Wirsing bis über die Ohren einhüllt. Gemein ist all diesen ästhetischen Zumutungen, dass sie ständig drinnen wie draußen getragen werden müssen, um die Ego-Identity des Mützentragegestells nicht zu torpedieren. Udo Lindenberg hat's vorgemacht: Setze nie den Hut ab, dann musst du auch keinen Kamm mit dir rumschleppen. Nach einigen Jahren Dauerbemützung der Kopfbehaarung hat sich selbige ohnehin davongemacht. In einem feuchtheißen Klima, wie es unter der Polyacryl-Kappe herrscht, hält sich bestenfalls die Schambehaarung. Und so sieht dann auch die Restwolle auf der Rübe aus, wenn der Mützenheini mal das Käppi lupft. Is nicht schön!

ZWANGSBEIMISCHUNG

40 Prozent Rapsöl in die Aufsichtsräte

Rübensaft ins Benzin, Frauen in den Aufsichtsrat – Zwangsbeimischung soll den Planeten retten. Heißt im Ottokraftstoff die Formel noch E10, geht's bei den Frauen nicht unter F40. Jetzt mal ganz wertneutral gefragt: Was soll nun der Scheiß schon wieder? Die Zwangsbeimischung von Frau wird »die Welt ein wenig weiblicher machen«, flötet es aus der Brigitte. Und da »weiblich« gleichzusetzen ist mit »Bio«, »Öko« oder »sanfter Nachhaltigkeit«, ist das gut für die Welt. Sicher! Denn »Frau«, um es auch mal im Singularis Majestatis auszudrücken, ist ja ein CO_2-neutrales Kuschelwesen, das selbst in dreieinhalbmilliardenfacher Ausfertigung auf dem Planeten hockt wie ein Schmetterling auf der Stinkprimel. Es wird nie wieder Krieg geben, alle Menschen haben genug zu essen, es ist ein einzig Händchenhalten immerdar – wenn's denn endlich genug Weiber an der Macht gäbe. Darauf freuen wir uns schon alle – wir fragen uns nur, warum denn die Grundschule, die ja schon einen 90-prozentigen Frauenanteil im Personal verzeichnet, immer noch und immer mehr von diesen zappeligen kleinen U-Bahn-Schubsern produziert. Ist wohl alles nicht so einfach mit der Quote, aber das dachten wir uns ja auch fast schon selber. Und wie sieht's beim Kraftstoff aus: 10 Prozent Runkelschnaps im Super, das kann doch einen Opel nicht erschüttern. Ihn vielleicht tatsächlich nicht, aber seinen Fahrer. Und wenn das Zeug tausendmal nicht den Motor schädigt, so sieht er's doch nicht ein, zwangsbetankt zu werden. Wo kommen wir denn da hin, wenn der Staat uns vorschreibt, was wir kaufen dürfen und die Händler mit Strafen belegt, wenn sie zu wenig von einem Zwangsprodukt unter die Leute bringen. Das durchschaut sogar der kleine Mann. Wenn er sonst auch wenig auf die Errungenschaften der Demokratie gibt, beim Konsum ist er empfindlich, gerade wenn's ums Auto geht. Da hagelt es ja schon seit Jahr und Tag Vorschriften und Gesetze wie nix Gutes, immer noch 'ne Plakette mehr aufs vordere Fensterglas, dann sind Winterreifen Pflicht, Mobilfunkgeräte verboten, Warnwesten im Kofferraum einzulagern und morgen schon gilt das Tagfahrlicht, und weh dem, der's nicht abknipst bei hellstem Sonnenschein. Kein Wunder, dass der Autofahrer sich allmählich sagt: Eine Vorschrift noch, und ich schlage auf der Stelle jemanden tot. Wer könnte ihm daraus einen Vorwurf machen? Da die übergroße Mehrzahl der Autofahrer, trotz männlichen und damit minderwertigen Geschlechts, jedoch zu den Friedfertigen im Lande gehört, wird niemand totgemacht, sondern einfach nur die zwangsgepanschte Jauche an der Zapfsäule nicht getankt. Und so denkt sich der Mann, das aggressive Ökodreckschwein: Irgendwie muss es doch möglich sein, den Regenwald in Indonesien zu vernichten, ohne dass ich ihn hier durch meinen Motor jage.

DER MOBILE MENSCH

Quintessenz allen ökologischen Übels

Wenn Wassermoleküle mobil werden, verwandeln sie sich in Dampf, und das Volumen nimmt um das Eintausendsiebenhundertfache zu. Wenn Teilchen in Bewegung geraten, brauchen sie eben mehr Platz, das gilt auch für den Zappelhomo und seine Mobilitätsgelüste. So will es die Physik – und die unterliegt ja bekanntermaßen nicht den Parteitagsbeschlüssen politischer Spinner. Gleichgültig also, ob mit der guten alten Verbrennungsmaschine oder dem elektrisch angetriebenen Gänseblümchenauto: Solange jeder Kackhaufen nach Belieben über den Planeten oszilliert, wird's nix mit der Nachhaltigkeit. Drum wär's ökologisch regelrecht ein Knaller, wenn die Dumpfbacken öfter mit ihrem Arsch bei Mama blieben. Eine Zeitlang schien es, als ob die Technik uns das Hin-und-her-Gerase durch die Weltgeschichte abnähme: Videokonferenzen, Skype und Telefonsex – so hoffte man – machten ein Gutteil Fahrten überflüssig. Doch denkste! Zwar leidet der hypermobile Mensch paradoxerweise unter Bewegungsarmut, doch begreift er die Errungenschaften der Kommunikation nicht als vollwertiges Surrogat, sondern als Anreiz, dorthin, wo sein Auge auf dem Bildschirm schon gewesen ist, demnächst auch seinen fetten Hintern hinzubefördern. Irrwitzig billige Flugtarife, immer sparsamere PKWs mit zig Assistenzsystemen, ja sogar die bekloppte Bahn, verleiten den modernen Fettarsch und sein Rudel ständig dazu, die eigene Furzbude zu fliehen. Warum? Weil's so bequem und einfach ist, denn was auch immer er besteigt, ob PKW, Flugzeug oder Bahn, der Sessel war schon vor ihm da. Und weil Freund Fettarsch nichts so sehr schätzt auf Erden, wie in einem Sessel rumzupupsen, findet er das Reisen äußerst angenehm. Selbst exorbitante Kraftstoffpreise, Staus und Massenkarambolagen können ihn nicht davon abhalten, ständig seinen Aufenthaltsort sinnlos zu verändern. Was tun? Die einzige Möglichkeit, die ressourcenvernichtende Mobilität des Menschen einzuschränken, wäre ein negatives Meilenkonto. Jeder Bundesfuzzi bekommt pro Jahr ein Kontingent gutgeschrieben, und wenn's abgefahren oder abgeflogen ist, darf er den Rest der Saison seinen Arsch im Polstergestühl parken – und zwar nicht dem im Flieger oder

SUV, sondern zu Hause vor dem Volksverdummer. Bin gespannt, wann die obrigkeitsversessenen GRÜNEN darauf kommen. Bis es so weit ist, presch ich noch mal sinnlos mit dem Auto durch die Gegend, weil es grade mal so schön ist draußen – wer weiß, wie lange man das noch darf.

NEUJAHRSANSPRACHE 2012

Es spricht der Bundespräsident

Ach du Scheiße, ihr seid ja immer noch da. Reicht's euch noch nicht? Ist doch alles so grauenhaft hier. Die Politiker benehmen sich wie die letzten Hanswürste, fliegen für ein paar Monate in die USA, fressen sich zehn Kilo Wampe an, kratzen das Frittenfett aus der Frisur und versuchen, unerkannt ins Land einzureisen. Im Handgepäck eine Schwarte, die die Mülltonne nicht wert ist, in die man sie schmeißen sollte. Und von so was wollen immer noch 40 Prozent von euch regiert werden, da muss ich doch kurz mal überm Porzellan ausflocken vor Ekel. Ich lobe mir dagegen den Gefangenen von Bellevue, der hat wenigstens nix zu melden. Müsste der nicht seine privaten Schweinereien vertuschen, wüsste der gar nicht, was er den lieben langen Tag machen sollte. Aber euch freut das, jaja, die Häme ist der Sex der Klemmspasten. Wulff schmiert ab, huhuhuhaha. Die FDP nur noch zwei Prozent, hihihi, ätschibätsch. Es gibt eben auch liebenswerte Seiten an Deutschland. Aber im Großen und Ganzen ist alles scheiße. Die CDU schaltet die blitzsauberen Atomkraftwerke ab, bloß weil in Japan ein Sack Brennelemente absäuft. Die hamse doch nicht mehr alle. Und wie sollen wir in Zukunft unsere Smartphones aufladen, um alle zwei Minuten unsere aktuelle Schwanzlänge bei Facebook posten zu können? Ja, da ist guter Rat teuer. Stattdessen sollen Stromtrassen durch die Umwelt geprügelt werden, und der Wühlmaus-Bahnhof wird auch gebaut ... von den Grünen, das ist immerhin schon wieder witzig. Im ganzen Land formieren sich die saturierten Mittelstandsarschgeigen und protestieren gegen alles, was draußen vor sich geht. Und sie sind wütend, die Puperzenfideln, aber hallo. Also nicht so wütend wie die Leute auf dem Tahrir-Platz oder in Syrien, aber doch ganz schön wütend. Das stinkt ihnen nämlich, das äh ... das, was so ist. Dir auch, oder? Was die mit uns machen, die korrupten Schweine, müsste man direkt mal occupymäßig die Sparkassenfiliale anzünden, eigentlich. Ja eigentlich ... Warum haut ihr nicht einfach ab aus diesem Land, dieser Hölle, in der die Gesamtschulversorgung auf dem Lande nicht dem Elternwillen entspricht? Na, fasst man das? Wie haltet ihr das nur aus in dieser Kackrepublik, in der es nicht mal einen Freizeitausgleich gibt, wenn zwei Feiertage auf einen Sonntag fallen. Das ist doch Staatsterrorismus! Packt doch endlich eure Siebensachen zusammen und flieht aus diesem verkommenen Scheißland. Wie, jetzt doch nicht? Aha, ihr habt gehört, dass die Arbeitnehmer in Somalia gar keinen Anspruch auf Elternzeit haben – gibst denn so was? Und es soll sogar in weiten Teilen Afrikas nicht mal genug Gleichstellungsbeauftragte geben, geschweige denn Freizeitpädagogik als kostenloses Aufbaustudium – nein, wie grauenhaft. Ja, siehst du, deshalb regt ihr euch doch sicherheitshalber auch im nächsten Jahr noch schön vom Sofa aus über diese

Für Kunstfreunde, denen Giacomettis Skulpturen schon immer zu verhungert aussahen. Als Reiterstandbild hätte Marlboro die Hälfte dazugegeben.

Republik auf. Hab ich's mir doch gedacht – und wir hören uns dann in einem Jahr alle wieder – ihr Weicheier und Schlappschwänze, bleibt wenigstens gesund, dass die Kassenbeiträge nicht auch noch steigen. Und guten Rutsch!

NEUJAHRSANSPRACHE 2013

Es spricht der Bundespräsident

Na bravo, da wären wir also wieder! Heute fängt der ganze Mist von vorne an: das sogenannte neue Jahr! Dass ich nicht lache! Es ist doch nur die Fortsetzung des alten mit neuem Kalender. Die komplette Scheiße, die uns in diesem Jahr erwartet, wurde schon im letzten eingetütet. Größte Sauerei ist die Legalisierung der Beschneidung, und zwar die unseres Geldbeutels, Opa Schäuble hat schon die Messer gewetzt und wartet nur darauf, die Mehrwertsteuer auf Hundefutter hochzusetzen – ade, du warme Mittagsmahlzeit. Mit den zusätzlichen Milliarden wird das Bescheuertengeld für Mütter in Gefangenschaft finanziert. Noch so eine tolle Idee, und ich kotze lang und breit über den Wahl-O-Maten. Dazu besteht ohnehin reichlich Gelegenheit, denn die Parteien rüsten zum Verarschungsmarathon 2013, auch Superwahljahr genannt. Mutti, die regierende Endmoräne, lauert noch in ihrer Höhle und wartet auf den Moment des effektiven Zustoßens. Ihr Gegenspieler, das kreidespuckende Großmaul aus der Hansistadt lügt sich unsere Taschen leer, dass sich die Balkenüberschriften biegen. Allein die FDP gibt

Anlass zu allgemeinem Frohlocken, was die anderen Parteien auch am besten täten: sich lautlos und auf Nimmerwiedersehen zu verpissen – übrigens etwas, das immer rascher erreicht wird. Brauchte die SPD noch 150 Jahre, um ihren jetzigen andreanahlischen Zustand zu erreichen, die CDU immerhin über 60 bis zur merkelschen Paralyse, so laufen die Piraten schon nach gefühlten zehn Minuten mit abgeschlagenem Kopf an ihren Mitgliedern vorüber. Danke schön, viel länger hätten wir euch auch nicht ertragen. Nehmt die Linke bitte gleich mit. Was bleibt, das sind die GRÜNEN; Claudia Roth ist zur Heulsuse auf Lebenszeit ernannt worden, und Trittin, ihr Feldmarschall, räumt die alten Beschlüsse aus dem Weg – von Angela Merkel lernen heißt siegen lernen. 2013 wird das Jahr der sich verdichtenden Problemlagen, und um den ganzen Ideenschrott der Vergangenheit auf einen Streich loszuwerden, ergeht folgender Beschluss: Betreuungsgeld für alle griechischen Mütter in Führungspositionen, die einen deutschen Panzer nach Saudi-Arabien überführen. Auf dem Weg dorthin wird die Türkei in die EU eingemeindet, der Krieg in Syrien beendet, der Gazastreifen zum Eurovision Song Contest eingeladen und in Mekka der deutsche Islamunterricht eingeführt. Hier bei uns zu Hause beschneiden sich alle aus Solidarität, mit Ausnahme der NPD-Mitglieder, die haben eh schon einen zu kurzen Pimmel. Ist das alles vollbracht, wünschen wir uns einen guten Rutsch ins Jahr 2014. Und bis dahin sind's ja nur noch 364 Tage. Prost Neujahr.

OSTERN

Knickehals auf den Autobahnen

»Es kackt der Has' das Knickebein in die eignen Eier rein, so hackebreit kann man nur an Ostern sein.« Das stimmt zwar nicht ganz, denn auch die anderen Doppelfeiertage des einst christlichen Kulturkreises liefern Vorwand genug, sich den Abenteuern der pelzigen Zunge zu widmen. Doch was macht das Osterfest so einzigartig? Hier schießt die Freizeitgesellschaft zum ersten Mal im Jahr aus allen Rohren. Ein letztes Mal noch in Ski-Urlaub, zum Anbaden auf die andere Seite des Alpenkamms oder nur mal so für ein paar Tage raus … Hauptsache mit dem PKW. Das Hochamt des Osterfestes findet längst schon auf den Autobahnen statt. Hier erlebt der Mensch noch eine Welt jenseits der Reiserücktrittsversicherung, voller Abenteuer, Strapazen und mit echten Toten. Die sind ganz wichtig, denn genussvoll überleben kann man nur eine Prüfung, bei der's nicht alle schaffen. Auch für die Lieben daheim ist etwas Grusel dabei, wenn sie am Karfreitag in der Tagesschau die Massenkarambolage auf der A9 bestaunen. Auweia, sind nicht Karl-Heinz und Inge da unten gerade unterwegs? Je nachdem, wie lange man sich an der Vorstellung weiden mag, beide lägen im eigenen Blut abgesoffen auf dem Asphalt, zögert man den erlösenden Handy-Anruf hinaus. Selbst noch für die glücklich Heimgekehrten schüttelt's sich im Nachgang recht kommod: »Genau an diese Stelle auf die A9, wo die zwanzig Toten, exakt da bin ich mit Inge ja drei Tage vorher, ja, genau da auf der A7, die läuft ja parallel zu die A9, da sind ich und Inge auch hergefahren. Hätte uns genauso erwischen können.« Heldenepen aus der Welt der Schlachtenlenker. Wie einst Odysseus Skylla und Charybdis umschiffte, gelang es Karl-Heinz und Inge, das Todesband der A9 zu meiden, um hernach aus hypothetischen Stahlgewittern mit neuem Lebensmut hervorzutreten. So sind denn die kilometerlangen Staus auf den österlichen Autobahnen auch Büßerwege der Moderne, auf denen sich der Erdverbraucher für sein schändliches Rubbeln an der Ozonhülle straft. Und trotz aller Klimasünden prangt doch wie eh und je am Fahrbandrand zur Osterzeit der Narzissenblüte große Zahl. Schlussendlich sind also die heidnischen Traditionen des Frühlingsbeginns und die christlichen des österlichen Leidens eng miteinander verwoben. Fehlt nur noch der Hase, aber den kann man ja mit etwas Glück noch überfahren. Knickebein übrigens ist keine häufige Folge kraftradgestützten Osterspaziergangs, sondern ein heiterer Witwentröster, bestehend aus Branntwein und Eidotter – schmeckt auch schon frühmorgens. Frohe Ostern allerseits!

RATZIS LETZTER TAG

Auch schon fast vergessen

An seinem letzten Tag im Job stellt Papa Benedetto verwundert fest, dass sein Terminkalender am anderen Morgen noch weitergeht. »Stimmt ja«, lächelt er in sich hinein, »oben is ja noch nicht bezugsfertig.« So ist es geplant, denn Väterchen Papst hat im Erdgeschoss des Katholentums noch jede Menge vor. »Krankheitsgründe, hahaha«, unser Ratze ist so putzmunter wie ein Ministrant im Haferstroh. »Deutsch sein heißt, eine Sache bis zum Schluss durchzuziehen«, ruft Joseph Ratzinger Alois seiner treuen Kammerzofe entgegen. Ratz und Rübe, wie die beiden spöttisch rund um den Petersdom genannt werden, kennen sich noch aus der Zeit, als beide Flakhelfer in der Wehrmacht waren. Sie sind die Einzigen im Vatikan, die gedient haben, und gucken entsprechend spöttisch auf die sonst dort rumlungernden Italiener herab. Am meisten hat es Ratze gewundert, dass die Spaghetti-Priester die Sache mit dem vorzeitigen Rücktritt so ohne weiteres gefressen haben. »Ein Deutscher WK2-Teilnehmer auf dem Stuhl Petri und zurücktreten?« Erschütternd, welches Bild die Italiener mittlerweile von den Brüdern aus den nördlichen Sümpfen haben. Nach über 2000 Jahren ist die Kunde vom Sieg des Arminius über die Italiener wohl etwas verblasst, denkt Ratzo, wird Zeit, sie wieder aufzufrischen. »Morgen ist der erste Tag vom Rest deines Lebens«, erinnert er sich an einen alten Hippiespruch aus der Hitlerjugend. Und diesen Rest wird er nicht als eingemauerte Mümmelmumie irgendwo in den Verliesen des Vatikans verdaddeln, nur weil ihm außerhalb die Strafverfolgung droht. Jeder Papst hatte mindestens eine Leiche im Keller. Deshalb würde es ja auch nie eine Päpstin geben, die Weiber waren einfach zu emotional für diesen Job. Oder hätte eine Frau etwa zum Kindesmissbrauch geschwiegen. Na bitte, das ist doch eher unwahrscheinlich. Und weil Ratzo keine Lust mehr hatte, seine letzten aktiven Jahre als Grüßaugust im Papamobil durch Südamerika zu kutschieren, würde er seiner Kirche einen letzten Dienst erweisen: den Heiligen Stuhl für einen anderen räumen, egal ob Afrikaner, Italiener oder Bernhardiner. Er selbst aber würde als geheimer Gegenpapst Ratzo der Erste im Untergrund weiterregieren, den Vatikan nie mehr verlassen und die gesamte dekadente Brut aus dem Tempel des Herrn vertreiben wie einst der Nazarener. Denn ein Deutscher tritt erst ab, wenn die Arbeit getan ist. In nomine Patris, et Filii, et Spiritus Sancti. Amen.

BETTINA WULFF

Bettina wer?

Bettina Wulff möchte als eigenständige Person wahrgenommen werden, deshalb verklagt sie jeden, der behauptet, sie hätte bei einem Begleitservice gearbeitet. Denn sie ist mehr als eine Begleiterin. Bettina Wulff möchte auch verbieten, dass in den Medien verbreitet wird, es handele sich dabei zwar nicht um die nachgewiesene Wahrheit, sondern nur um ein Gerücht. Das alles möchte Bettina Wulff, deshalb ließ sie ein Buch schreiben, in dem es über acht Seiten um das Gerücht ging, sie hätte bei einem Begleitservice gearbeitet. Jetzt endlich kann sich Bettina Wulff selbst auf Unterlassung verklagen und ist dadurch nicht nur eine eigenständige Person, sondern sogar zwei: Kläger und Beklagte. Auf dem Weg durch die Instanzen darf sie sich dann selbst begleiten, und wir bleiben fürderhin von all dem unwichtigen Blödsinn verschont.

Frau Wulff ist kurz davor, Jörg Kachelmann den Allzeit-Award für die größtmögliche Verschwendung öffentlicher Aufmerksamkeit streitig zu machen.

Was für selige Zeiten, als man von gewesenen Bundespräsidenten erst wieder bei ihrem Staatsbegräbnis hörte und von den »First Ladies« meist gar nichts mehr. Jetzt traktiert uns »First Frollein Wulff« mit Sinn und Bedeutung ihrer Tätowierung, und das bereits Monate nach dem Rauswurf aus Bellevue. Möchte sie »vor der Geschichte« reingewaschen werden, wie es häufig das Motiv von Politiker-Autobiographien ist? Vor welcher Geschichte? Eine Geschichte, in der das Privatleben des unglückseligen Paares eine Rolle spielt, wird hoffentlich niemals geschrieben. Kläglicher, dümmer und zudem selbstverschuldeter ist wohl noch kein Politiker in Deutschland je gescheitert – diese Geschichte, mit eigener Hand vom männlichen Wulff aufgeschrieben, möchte man schon lesen. Aber Bettina will ja als eigenständige Person wahrgenommen werden und hat mit der ganzen saublöden Präsi-Nummer nichts zu tun. Sagt sie. Deshalb hatte sie sich am Tag des Rücktritts von »First Christian« auch einige Zentimeter weiter weg von ihm hingestellt, als das Protokoll es vorsah. Und wir Dummköpfe haben das damals gar nicht bemerkt. Kann es vielleicht sogar sein, dass es uns völlig gleichgültig ist, wie, warum und womit Bettina Wulff, geborene Körner, ihre Zeit zubringt? Das scheint die gelernte PR-Facharbeiterin auch selbst zu ahnen, und bevor sich das Zeitfenster des öffentlichen Interesses endgültig schließt, hat sie also schnell noch ein dünnes Buch herausgedrückt. Schlauer wär es vielleicht gewesen, einen eigenen Begleitservice zu eröffnen, wo man schon die PR umsonst über google geliefert bekommt …

COACHING

Richtig Leben nach Zahlen

Nehmen wir mal an, du bist ein gelackter Tortengräber aus der Dorfdisco oder frisch rausgeflogener Point-of-Sale-Manager eines Katzenfutter-Konzerns, ja was bist du dann? Richtig! Ein Vollidiot! Was wird dann aus dir? E-Bay-Powerseller für Whiskas-Rückläufer, ein Meerschweinchen-Intimfriseur oder noch ekeliger: ein Coach. Das kann und darf nämlich jeder, der doof genug ist, den Schwachsinn zur Förderung des Selbstmanagements, den er vor sich hin fusselt, auch zu glauben. Also sagen wir mal: nicht kacken, wenn man muss, sondern wenn die Kack-App auf dem iPhone klingelt. Gefördert werden müssen in jedem Fall auch die Umsetzungskompetenzen: Nicht einfach bloß kacken wollen, sondern es dann auch tun. Am meisten lockt der Coach aber damit, seinen Klienten »Führungskompetenzen« vermitteln zu können. Das streichelt die angeknackste Psyche und nährt die Illusion, man bräuchte so was. In den allermeisten Berufen wäre eine ausgefuchste »Arschkrieecher-Kompetenz« jedoch weitaus sinnvoller. Damit die Coaching-Nummer nicht allzu technokratisch daherkommt, lappt sie mit Sätzen wie »Lebe dich selbst« stets ins Esoterische hinein. Wen denn sonst, die Katze? Oder: »Die Zukunft ist das, was vor dir liegt.« Stimmt gar nicht: Wenn man auf der A2 in den Rückspiegel guckt und einen litauischen LKW sieht, dann ist die Zukunft eher das, was hinter einem liegt. Ansonsten sind die Lebensweisheiten von so haarsträubender Banalität, dass sie einer Predigt von Margot Käßmann entnommen sein könnten. Während das männliche Gecoache eher einer

Schutzhundausbildung fürs Berufsleben ähnelt, geht es dem transklimakterischen Faltenwurf um ganzheitliches Gedöns. Nach Abflauen der erotischen Spitzenwerte und dem Ausfliegen der Brut, und wenn sich die Restfeuchte ins Körperinnere zurückgezogen hat, wird so manche Mutter zur Schraube – zuerst linksdrehend und irgendwann völlig abgedreht. Man kann und soll alles Mögliche in sich entdecken. Meridiane zum Beispiel oder Chakren, aber die unwahrscheinlichste Entdeckung ist: das Ich. Wenn man darauf gestoßen ist, dann geht's heidewitzka ans Verwirklichen des grausigen Funds: Seidenschlipse vollkrickeln, sich in der Ü-50-Bauchtanzgruppe den Speckreif schütteln oder im Trommelworkshop feststellen, was man sonst noch nicht kann. Zu all dem liefert die Coaching-Industrie ein passendes Motto: Eigenlob stimmt, Erfolg durch Selbst-PR, Rhetorik für freche Frauen, Lebe wild und unersättlich, Greif nach den Sternen, Lebe beidhändig – zieh den Finger aus dem Arsch. Man muss den schlaumeiernden Lebensbewältigern regelrecht dankbar sein für ihren Misserfolg. Man stelle sich nur vor, dieser Mist würde funktionieren und das wilde und unersättliche Leben der Doofköppe ringsherum bestünde aus mehr als Dönerfressen und in den Park schiffen. Da sollten wir eigentlich froh und dankbar sein, dass es Coache gibt, die den Menschen vorgaukeln, die Käfigtür stände für jedermann weit offen. Tut sie aber nicht, und das ist das Verlogene und letztlich Traurige an der ganzen Chose.

DEUTSCHE BADEORTE

Fettplauzen-Dungeon im Nieselregen

Von allen Verzweiflungstaten, mit denen wir uns gegen die Sinnlosigkeit des Erdendaseins stemmen, und die diese gerade deshalb umso mehr hervortreten lassen, ist der selbstgebastelte Urlaub wohl die bedauernswerteste. Sich pauschal beim Osmanen, Griechen oder sonst wie anderskulturell Begabten drei Wochen den Arsch nachtragen lassen – ja, da knickt auch der Zyniker ein und muss zugeben: besser als daheim am Bratwurstgrill das Billigbier gelenzt. Aber eigenhändig mit dem Automobil in einen, sagen wir mal, deutschen Badeort zu fahren, um dort mit Kind und Köter im Regen zwischen den Plastik-Honks rumzueiern – das wünschte man dem ärgsten Finanz-Optimierer nicht. Hundestrand, FKK, Schwulenstrand und dahinter – nein, nicht noch ein Schwulenstrand – eine Budenzeile voll mit idiotischem Konsumkrempel, vor dem selbst ein Nordkoreaner angewidert die Kiemen einklappte. Die Eingeborenen dieser touristischen Wallfahrtsorte scheinen samt und sonders der Meinung zu sein, im Urlaub mutiere der kritische Verbraucher zu einer verblödeten Konsum-Amöbe, der man Hundescheiße als Schoko-Softeis verkaufen könne. Aber was aber soll man auch schon unternehmen, denn unternommen werden muss ja was im Urlaub, außer am arschkalten Meeressaum mit Mamma und den Ferkeln zu flanieren? Im Angebot wäre da noch die Beachparty mit DJ Erwin oder eine Lesung in der Seegarns-Kirche aus dem 12. vorchristlichen Jahrhundert. Tagsüber, wenn's Hunde und Katzen schüttet, böte sich ein Besuch im Geburts-

159

Ronald Reagan, erster Entwurf.

haus des Heimatdichters an, dessen Namen man noch niemals vernahm und dessen Stanzen einem auf ewig gestohlen bleiben könnten – wenn man nicht hier im Kessel von Bad Dobermann eingeschlossen wäre. Wenig Abwechslung bietet das Auge des touristischen Orkans, auch die Promenade oder die – bruharhar – historische Stadtmitte. Hier herrscht Fischbrötchen-Alarm und Lustige-Hüte-Kauf-Zwang. Lokusdeckel mit Muscheln beklebt, Gurken mit der Aufschrift »Banane« als lustiges Mitbringsel aus Meck-Pomm. Wer wollte da nicht schon voll Vorfreude an die Abreise denken und sich den eh vergeigten Nachmittag mit ein paar vorgezogenen Alkobomben versüßen. Doch plötzlich und gänzlich unvorhergesagt bricht die Sonne durch die Wolkendecke. Keine zehn Minuten dauert es, bis abertausend Rieseninsekten mit grellbunten Chitinpanzern auf der Birne sämtliche Freiflächen des Ortes befallen. Auweia, morgen geht's ab nach Haus, und im nächsten Sommer bleiben wir auch gleich da.

DAS BRÜDERLE

Aus dem Rheinländle-Pfälzle

Der westlichste und dritthässlichste Teil Westdeutschlands nennt sich »Rheinland-Pfalz«. In seinem Inneren wuchert ein Geschwür namens »Das Saarland«, und die Hauptstadt liegt, so weit es irgend geht, vom Großteil der eigenen Bevölkerung entfernt tief im Osten und nennt sich »Mainz«. Entsprechend allein gelassen wirken die in der Pfalz aufgewachsenen Primaten auf normale Menschen aus dem Rest der Republik: Helmut Kohl, Rudolf Scharping, Kurt Beck oder Andrea Nahles – für Außenstehende wird sofort klar: Hier wurde sich zu oft und zu hastig nur untereinander gepaart. Diesem eilig zusammengeschusterten Volk ist auch das Brüderle entsprungen, ein putziger Schelm mit knautschigem Orang-Utan-Gesicht, der kein Lüftchen zu trüben scheint, es aber faustdick hinter den Löffeln hat. Der Pfälzer leidet an vielem, so kann er sich zum Beispiel nur mit Mühe der Amtssprache befleißigen. Sein eigenes Land nennt er unbeholfen »Die Palz«, da er Dentolabiale wie den »F-Laut« aufgrund einer genetischen Unpässlichkeit nicht zu bilden imstande ist. Da wird es natürlich für Pälzer schwer, ausgerechnet Mitglied der FDP zu werden. Alte Schlitzohren wie das Brüderle behelfen sich damit, von der FDP nur als »Die Lipralen« oder »Die Battei« zu sprechen. So dummbeutelhaft die pfälzischen Waldschrate auch daherkommen, so hinterfotzig können sie reagieren, wenn man ihnen den Futternapf entreißt. Als der Bambusschnitzer Philipp dem Brüderle das Wirtschaftsministerium stahl, da schwor das alte Mümmelstilzchen Rache. Und da es gewahrte, wie der Bambus anfing, sich im Gegenwind zu biegen, ging das verschmitzte Brüderle zu den Niebelungen hin. Dort haust ein ungeschlachter Gesell namens Dirk, der für einen alten Teppich zum Lohn seine eigene Großmutter an das ZDF verkaufen würde. Dem Wesen Niebel flüsterte das Brüderle ins Ohr: »Du musst Philipp, den Infanten, in einer Rede verfluchen, auf dass er nimmermehr das Licht erblicke.« Und siehe, es geschah. Der doofe Niebel tat, wie ihn geheißen, und verfluchte den juvenilen Philipp, dass jedem Angst und Bange wurde für den anstehenden Urnengang am folgenden Tage des Herrn. Die Götter aber waren mit

Philipp und beschützten ihn vor den Unbilden der Wahl – als strahlender Sieger ging er daraus hervor. Nun war es Zeit, Rache zu nehmen an dem pfälzischen Gnom, denn Philipp ahnte wohl, wer sich hinter den üblen Worten des Niebelungen Dirk versteckte. Und Philipp rächte sich gar fürchterlich am Brüderle, er verweigerte ihm die Gnade des ehrenhaften Todes und versklavte ihn zu seinem Knecht, der für alle Zeit das Gesicht der FDP sein muss.

SCHLECKER

Drogenhölle im Neonlicht

Es ist nicht alles schlecht am Kapitalismus, denn Schlecker ging pleite! Na bitte! Warum nicht gleich so. Die Selbstreinigungskraft des vielgescholtenen Marktes funktioniert manchmal eben doch. Da überzieht ein Irrer von der Schwäbischen Alb jahrzehntelang ganz Deutschland mit seinen gruseligen Drogen-Höhlen, versklavt über 30 000 Mitarbeiter zum Teil in outgesourcten Zeitarbeitskolonnen und hofft damit durchzukommen. Doch kein Protest der Gewerkschaft, keine Klage eines Mitarbeiters hat dieses Imperium zu Fall gebracht, sondern der Kunde. Der wollte es sich einfach nicht länger bieten lassen, seinen Hygienebedarf in diesen Depri-Verschlägen zu decken. Im gleißenden Licht der Neonröhren schlichen mäßig entlohnte Teilzeit-Lurche zwischen den Regalen rum in ständiger Furcht, auf die Toilette zu müssen. Bei nur einem Mitarbeiter im Lokal hätte ein Kunde einspringen dürfen für die

Aufsicht. Zahlreich waren die Geschichten, die sich um die Arbeitsbedingungen im schleckerschen Drogerie-Gulag rankten: zum Telefonieren mit der Zentrale sollten die Mitarbeiter ins Nachbargeschäft gehen, abgelaufene Flüssigartikel mussten in die Toilette entleert werden, um Entsorgungskosten zu sparen. Was immer daran der Wahrheit entsprach, geglaubt hat es jeder, der schon mal eine Filiale betreten hat. Schlecker – das war und ist ein Stück gelebtes Osteuropa mitten in Deutschland. So stellt sich der Deutsche ein Ladengeschäft in Irkutsk vor, vielleicht mit ein paar weniger Artikeln, aber dafür mit besserer Stimmung. Schlecker ging pleite, na bitte. Tausende Mitarbeiter sehen seit Jahren unter der Woche wieder das Licht der Sonne und können sich auf einen menschenwürdigen Arbeitsplatz freuen. Das Schöne ist: Die Pleite kam zur rechten Zeit, Deutschland steht wirtschaftlich so gut da wie seit Jahrzehnten nicht mehr, es gibt nahezu Vollbeschäftigung und eine Million offener Stellen. Zwei Fragen sind allerdings noch zu klären: Wie schafft man es, zwei Milliarden Euro Vermögen durchzubringen – nicht mit Luxusjachten, Weibern und Privatjets, sondern mit den potthässlichsten Discounthöhlen aller Zeiten? Kann man sich vorstellen, dass jemand freiwillig so ein Leben lebt? Und zweitens: Wie konnte sich dieses Imperium des Schreckens überhaupt so lange halten? War es die enorme Verbreitung in der Fläche? Schließlich hatte sich selbst da, wo die Kaufkraft der Kundschaft bestenfalls die Ansiedlung eines Bauchladens gerechtfertigt hätte, die Schlecker-Metastase ins Weichbild der Stadt gefressen. Und wer kaufte dort ein zu den nicht mal besonders günstigen Preisen? Alte Leute, immobile Bewohner, eine insgesamt gehandicapte Kundschaft, die sich einen Ausflug ins entferntere Geschäft nicht leisten konnte. Doch endlich ging Schlecker pleite … Die schlechte Nachricht ist: Die Kinder wollen weitermachen.

DAUERCAMPER

Ein Widerspruch sui generis

Ab und zu sieht man sie links und rechts der Autobahn: Hütten aus Presspappe mit Plastikverschlägen davor, im Hintergrund eine vollgelaufene Kiesgrube, aus der einst der Betonzuschlag für den Bau der nahen Fernstraße genommen wurde. Wenn man die dicken Menschen in greller Freizeitgarderobe zwischen den Hütten rumwatscheln sieht, begreift man schnell, dass man nicht durch São Paulo oder Johannesburg fährt, sondern entlang einer deutschen Siedlung von Dauercampern. Ist Camping an sich schon ein menschheitsgeschichtlicher Rückfall um circa 6000 Jahre, als unsere Vorfahren noch mit Zelt und Oma dem fressbaren Viehzeug hinterherzuckelten, so ist Dauercamping zusätzlich noch die Negation des per se schon Falschen, ohne deshalb richtig zu sein: Warum kauft man sich eine Hütte auf Rädern und parkt sie dann für den Rest ihres Daseins. Ist das nicht geradezu eine Beleidigung des Rades und der Zivilisation?. Und um ja nicht in Versuchung zu kommen, doch noch den Campinganhänger von der Stelle zu bewegen, werden an allen Seiten ekelige Presspappenverschläge drangeschraubt. Richtig gemütlich wird's dann nach Jahren, wenn grüner Moosbelag und verrottetes Laub über die Plaste-Favela kriechen. Das Vorzelt des modrigen Anhängers aus halbdurchsichtiger Lkw-Plane mit aufgemalten Fenstern heißt im Camper-Jargon »Safari-Room«. Von dort aus kann man in der Tat ein paar fette Warzenschweine beobachten, nur dass diese Deutsch sprechen und neonfarbene Unterhosen um ihre Ärsche schlackern. Im Safari-Room und eigentlich überall zwischen den rattigen Unterkünften fliegt jede Menge Plastikkrempel herum, der schon neu aussieht wie aus dem Abfall-Container gefischt. Was immer man gar Schröckliches über den Stamm der Dauercamper sagen mag, stimmig sind sie, die Brüder: Alles passt zueinander und sieht gleich scheiße aus. Weder Anmut noch stille Würde beleidigen das Vorurteil des Betrachters. Hier seinen Urlaub oder gar jedes Wochenende zu verbringen, heißt, vom Leben nicht viel mehr zu verlangen als Kasteiung, Verzicht und Versöhnung mit der eigenen Verwesung – Hut ab vor so viel Realismus.

WEIHNACHTSGRÜSSE

Hallo, wir leben noch

Neigt sich das Jahr dem Ende zu, gelüstet es selbst die Schreibfaulsten unter den Germanen, der Welt von ihrer anhaltenden Restexistenz Bericht zu erstatten. Klassiker der weihnachtlichen Statusmeldung ist die Grußkarte. In ihrer einfachsten Form kommt sie im Zehnerpack aus dem Grabbelständer und bietet als Motiv irgendwas mit Kerze reingerammt oder mit Schnee drüber. Wichtig bei diesem Produkt ist der schmale Raum für eigene Notizen auf der Vorderseite, damit man nicht groß ins Labern kommen muss. Zumeist wird die Fläche schon reichlich ausgefüllt durch ein »... wünschen Kalleinz, Inge und Stinke-Oma.« Basta, fertig, die nächste! Noch einfacher ist es, den ganzen Scheiß gleich am Rechner zu gestalten und per Massenmail an das Pack zu versenden. Ein Klick und die Sache ist geritzt. Wer fies sein will, schiebt den Weihnachtsgruß auf einen obskuren Hoch- und Runterladescheiß, um damit vor den Analog-Schimpansen seine digitale Kompetenz raushängen zu lassen. Für ambitionierte Kreativmenschen der Jetztzeit ist dieser Art weihnachtliches Sperrfeuer natürlich ein No-go. Da muss zumindest die Karte liebevoll ausgesucht sein – für jeden Adressaten individuell. Vom Motiv her verbietet sich da alles mit roter Zipfelmütze oder fetten Kerzen, Rentieren und Schlitten. Eher ein Kindergesicht hinter zugefrorener Butzenscheibe, ein verhungertes Eichhorn im Pulverschnee und darunter ein schwer verständliches Zitat aus einem finno-ugrischen Wintermärchen oder so. Auf der weißen Seite wird mit dem Mont-Blanc-Federhalter ein sensibler Gruß an »Ihr Lieben« hingekrakelt. Gehört die Dame des grüßenden Hauses zur unterbeschäftigten Art der Seidenschlipsbepinseler, dann darf's auch schon mal ein selbstgetuschtes Motiv sein, das den Jahresendgruß ziert. Steht die Familie noch mit beiden Brüsten tief in der Aufzuchtphase, dann verschickt sie in jedem Dezember ein aktuelles Bild von Papa, Mama und den Ferkeln, breit grinsend vor dem Tannenbaum. Seht her, welch strammen Nachwuchs wir zusammengevögelt haben, ist der Karte deutliche Botschaft an die Welt. Von beruflichen Erfolgen oder protzigen Anschaffungen auf der Weihnachtskarte zu prahlen gilt indes als prollig – selbst ein Bild mit der Nobelpreis-Urkunde oder einer olympischen Goldmedaille um den Hals wird nicht goutiert. Angeben darf man auf dem Kartengruß nur mit Blagen und auch nur mit selbstgemachten. Auf die Adressaten wird da keine Rücksicht genommen, würden die sich doch sicher mehr für ein Foto der seitwärts Besprungenen interessieren, oder den aktuellen Body-Mass-Index von Mama.

GEZ

Four-Letter-Word mit drei Buchstaben

Es lässt sich kaum noch übersehen: Die GEZ will einen gebührenpflichtigen Gottesstaat auf deutschem Boden errichten. Noch nie hat eine behördliche Einrichtung jenseits ihrer Letztverwendung die eigene Existenz mit so unverschämter Chuzpe fortgesetzt. Habe ich »fortgesetzt« gesagt? Sie hat sogar noch 450 neue Mitarbeiter eingestellt! Wir erinnern uns: Im Bundestag wurde entschieden, die Gebührenpflicht ab dem 1. Januar 2013 nicht mehr an das Vorhandensein von Empfangsgeräten zu koppeln, sondern sie jedem Haushalt einfach so per se aufzubrummen. Da denkt der Laie in seiner vorbürokratischen Naivität: Kann man doch zumindest die Schnüfflerbude von der GEZ mit ihrem Klemmbrett-Agenten dichtmachen, sie waren ja noch nie die Zier einer freien Gesellschaft. Doch die Bande hat sich wohlig eingerichtet in ihrem Kölner Gebühren-Kreml und denkt gar nicht dran, wieder einer halbwegs sinnvollen Arbeit nachzugehen. Genau wie der KGB, der ja auch nicht mehr KGB heißt, sondern neuerdings FSB, oder die SED, die unter dem Namen Sahra Wagenknecht weiterexistiert, plant auch die GEZ nach dem Wegfall jedweder Existenzberechtigung ihr komfortables Rumgekrebse noch um ein paar Jahrzehnte zu verlängern. Was treiben die Kissenfurzer denn dann den ganzen Tag? Verwandeln sie sich in eine griechische

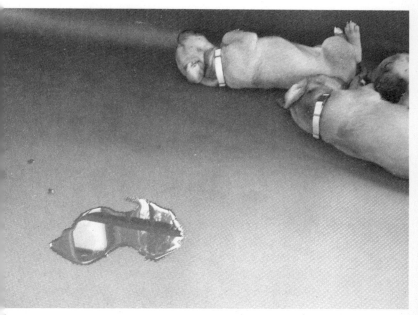

Australien.

Beamtendeponie, die nur auf dem Überweisungsträger der Regierung existiert? Schön wär's! Was immer man gegen den hellenischen Staatsdiener einwenden mag: Immerhin ist er faul und ein korrupter Verpisser vor dem Herrn. Wenn er schon nichts Sinnvolles tut, so macht er immerhin auch nichts Sinnloses, sondern pennt seinen Retsina-Rausch unterm Olivenbäumchen aus. Der Germane ist da beflissener, auch und gerade als Staatsdiener denkt er gar nicht daran, dem Herrn den Tag zu stehlen. Und gefährlich wird dieses implantierte Emsigkeitsgen, wenn ihm die einst zugedachte Aufgabe wegbricht. Uns ältere Semester sind die Freikorps nach dem Ersten Weltkrieg noch in lebendiger Erinnerung. So nun auch der GEZ-Frontkämpfer, der – im Felde unbesiegt – nach neuen Schlachten trachtet, bis er etwas findet, was gegen den Mitbürger als Fallstrick ausgelegt werden kann. Da dürfen wir jetzt schon gespannt sein, was die noch beschäftigungslosen GEZ-Frühvergreisten sich an Schweinereien ausdenken werden. Wenn's mit dem Errichten eines gebührenpflichtigen Gottesstaates auf Erden eben nicht vorangeht, vielleicht strahlt die GEZ-Nachfolgeorganisation dann eigene Hörfunk- und Fernsehprogramme aus. Da sollten ARD und ZDF jetzt schon auf der Hut sein. Schon so manches verstoßene Kind ist zum Mörder seiner Eltern geworden.

DER NEUE AMAROK

Lamas in Hannover

Ich hab mir im letzten Jahr ein neues Auto gekauft. Das ist jetzt keine sensationelle Nachricht, ich wollte es aber einfach mal gesagt haben. Sonst habe ich mir nämlich meistens gebrauchte Autos gekauft, wegen des immensen Wertverlustes in den ersten Jahren.

So weit, so richtig. Alte Autos haben hauptsächlich deshalb keinen Wertverlust mehr, weil wo nix is, kann auch nix mehr weniger werden. Der Wertverlust meiner

Schatulle hingegen steigerte sich von Monat zu Monat, je älter die ausgelutschte Audi-Chaise wurde. Nur ein Beispiel: Früher nannte man die Leuchtmittel in den Scheinwerfern einfach Birne, die gab's an jeder Tanke und kosteten gerade mal fünf Mark oder heute eben fünf Euro. Jetzt ist der ganze Xenon-Kram verkapselt und kostet 800 Euro pro Seite. Und auch wenn nur eine Seite kaputt ist, muss man immer beide austauschen. Ich hab mal den Specht in der Audi-Dialogannahme gefragt, wieso. Sagt er: »Sind immer zwei inner Packung.« Da muss man noch froh sein, dass da nicht fünf drin sind!

Und so geht das immer weiter: Vergaser mit klemmenden Schwimmern gibt's schon lange nicht mehr, die Funktion übernehmen heute Injektoren, da kostet einer bei Audi 'nen schlappen Tausi, und die rauchen bei 180 000 km planmäßig einer nach dem anderen ab. Hast du einen Achtzylinder, bist du erst mal 'nen Tausi los und hast danach siebenmal Angst. Wieso kostet das so viel, da muss sich doch nur der Mechatroniker über den Motor beugen: alten Injektor raus, neuen rein, fettich. Nä, das geht nich, dann kriegt der Rücken, und das zahlt die Berufsgenossenschaft nicht. Also wird der gesamte Motor mit 'nem Kran rausgehoben, zwei Spechte mit dem Gehalt eines Harvard-Absolventen halten den Motor fest und der dritte Specht prokelt da so lange mit dem Schraubendreher drin rum, bis der Tausi voll is.

Kurz gesagt: Ein altes Auto kann sich heute kaum noch einer leisten, und wenn's ein alter Diesel ist, dann darf man damit auch in keine Stadt mehr rein. Okay ich hatte mir natürlich eine grüne Plakette besorgt. Also eher selbstgemacht: Bierdeckel mit grünem Filzstift angemalt und von innen an die Scheibe geklebt. Gut, nun kann man über die Intelligenz von Zettelmuschis denken, was man will, aber irgendwann wäre eine dahintergekommen, dass mein Kennzeichen nicht »Hasseröder Pils« lautet.

Ich war also, was den Kaufentscheid für ein anderes Auto betraf, schwer auf Krawall gebürstet. Kein deutsches Premiumfabrikat mehr mit diesem ganzen Komfort-Gedöns, sagen wir mal, einem Blutsensor für die Scheibenwischer, wenn man einen Radfahrer überfährt – das hab ich immer mit 'nem Lappen gemacht, geht doch auch so. Nein ich wollte überschaubare, halbwegs nachvollziehbare Technik.

Groß sollte er sein, viel Sprit verbrauchen und trotzdem eine grüne Plakette haben, damit die 5-jährige Marie-Ildiko, wenn sie mich vor dem Waldorf-Kindergarten sieht, zu ihrer Mutti sagt: »Guck mal ein Spritfresser, der will unsern knuddeligen Planeten vernichten mit Bambi und Klopfer.

Da ein hiesiger Automobilhersteller gerade eine vierrädrige Schrankwand namens Amarok auf den Markt gebracht hatte, dachte ich, scheißegal, nimmste die.

Irgendwann nach gefühlten fünf Erdzeitaltern konnte VW den Wagen tatsächlich liefern. Hat etwas gedauert, weil der im ersten Produktionsjahr nur in Argentinien gebaut wurde, dann zu uns nach Richtig-Land importiert wurde und in Emden wieder in seine Einzelteile – Blech, Plastik und Pampahasen-Scheiße – zerlegt wird, um allmählich mal ein vorzeigbares Produkt für den Endverbraucher zu werden. Ich habe bei VW in Stöcken gefragt, warum die den Umweg der Rohstofflieferung über Argentinien machen, wenn sie den Wagen sowieso in Deutschland komplett neu wieder zusammenbauen. Da sagte mir einer: Das sei eben Globalisierung, jeder mache das, was er am wenigsten kann.

Kenn ich, hab ich ihm gesagt, ich habe neulich eine Original Thüringer Bratwurst gegessen und volles Rohr abgereihert wie ein alter Storch. Satan, was schmeckte die scheiße. Mir wurde allerdings völlig klar, warum die DDR untergehen musste. Wenn man einen schwabbeligen Plaste-Rohling mal grün anstreicht und das andere Mal kackbraun, um ihn entweder als Spreewald-Gurke oder Thüringer Bratwurst zu verhökern, kann das nicht funktionieren. Doch zurück zur argentinischen Gurke.

In Argentinien, das muss man sich mal vorstellen, lassen die ein neues Automodell bauen. Also nich die alten Produktionsbänder vom Golf I, sondern ein brandneues Modell. Ich meine, die Argentinier haben einen Krieg gegen England verloren – okay wir auch, anderes Thema.

Ich habe mir jedenfalls so eine Pampa-Schleuder gekauft … Fällt mir gerade ein: Wie läuft das eigentlich mit den argentinischen Steaks? Werden die auch in Emden erst zu Gehacktes geschreddert und dann neu zusammengebaut?

So, das war jetzt wichtig für die Vorgeschichte. Noch mal zur Erinnerung. Ich habe keinen Amarok aus Hannover, wo die jetzt gebaut werden, sondern aus Placebo oder wie dieses Lamawämsernest in Argentinien da heißt. Die Szene, die ich nun beschreibe, fand 2011 statt, als es nur Amaroks aus Guano von Neuweltkamelen gab.

Ich stehe mit dem Teil vor einem x-beliebigen Supermarkt. Ein Mann um die sechzig kommt auf mich zu.

Wieso kommt ein Mann um die 60 auf mich zu? Die leben da! Alles voll mit denen, wo sollen die denn auch sonst hin. Die sind mit 58 in Frührente gegangen oder arbeitslos nach der Insolvenz von ihrem Tattooshop. Ja und dann hängen sie zu Hause bei Mama rum. Die is nach drei Wochen spätestens total genervt: Sie kann nicht mehr Rote Rosen gucken, nicht mehr Sturm der Liebe, sich nicht um halb elf den ersten Eierlikör in den Kaffee schütten, denn im Fernsehzimmer sitzt der Stinkstiefel und schüttet sich das dritte Oettinger hinter die Binde, während auf D-Max »Panzerbrechende Waffen II« läuft. Also sagt sie zu ihm: Kalleinz, wir machen das wieder wie früher. Du gehst um halb sieben außen Haus und lässt dich vor 18 Uhr hier nicht wieder blicken.

Ja, wo soll der arme Mann hin mit seiner kleinen Rente? Er geht aufn Supermarkt-Parkplatz, wo die anderen auch alle sind.

Da isses billig, dieser Backshop hat sogar 'n Außengehege, wo man rauchen kann, davor stehen zehn, zwölf Rollatoren, das is die mobile Eingreiftruppe, wenn mal was is …

Jedenfalls kommt einer von diesen Typen auf mich zu.

ER: Und? Wie biste damit zufrieden?

Als Pick-up-Besitzer wirst du automatisch geduzt, weil alle denken, du bist der letzte Honk aus den Blue Mountains oder so, der einmal pro Monat in die Stadt fährt, um frische Kondome für Opa zu besorgen und im Edeka-Laden Waschbärenfelle gegen 9-mm-Munition und zwei Kanister Whisky einzutauschen. Trotzdem antwortete ich ihm in aller Freundlichkeit: »Toller Wagen, fährt sich wie'n PKW, prima Zuladung, Anhängerkupplung kann man nicht abnehmen, kommt se auch nicht weg … So beginne ich das Loblied auf den Neuerwerb zu singen, man will ja nicht als Vollidiot dastehen, der sich einen Schrotthaufen hat andrehen lassen.

Doch der Duzer hat gar nicht zugehört und würgt mich mitten im Lobgesang ab.

174

ER: Mein Bengel, der baut die nämlich in Hannover. Ohne ihn, sagt sein Kolonnenführer, könnte Winterkorn den Laden dichtmachen, jaha, mein Bengel.

Ömmm, der wird noch gar nicht in Hannover gebaut, sondern in Argentinien, versuche ich einzuwenden.

ER: Was soll das heißen, dass mein Bengel lügt, oder was? Der fährt jeden Tag mit seine Thermoskanne nachn Werk, und statt da diesen Anorak zu bauen, vögelt er sich durch die Siedlungen da bei den Kaputten, oder was willste damit behaupten?

Wenn er nach seinem Vater schlägt, macht man ihm nich mal die Tür auf – nein, das hab ich natürlich nicht gesagt.
    Der ist sicherlich, versuche ich zu beschwichtigen, an der Produktion des aktuellen Transporters T5 beteiligt.

ER: Wie jetzt beteiligt, mal 'ne Schraube anreichen oder wie? Mein Bengel – hat er mir hoch und heilig versprochen – der baut diese Amarockse bei sich aufe Abbeit. Hunnertprozentich.

Erst ab Juni 2012.

ER: Nänänä, ich seh ihn doch, wie er jeden Morgen losfährt, halb fünf muss er los. Ohne ihn fangen die gar nich an, da läuft das Werk auf Stand-by.

Die bauen da auch noch die Karosserie für den Panamera.

ER: Panamarena? Was soll das jetzt sein.

Das ist son Viersitzer-Sportwagen, da fahren reiche Mütter ihre Annalenas mit zum Kindergarten.

ER: Den soll mein Bengel bauen? Ein Frauenauto? Hahahaha. Wusstest du, das in Deutschland Männer Beachvolleyball spielen?

Haben die nich sogar in London 'ne Goldmedaille geholt?
    Aber was hat das denn damit zu tun?

ER: Es wird immer schlimmer. Ich sag dir, wenn schwul sein Pflicht wird, dann wander ich aus. Und warste schon mal im Werk und hast dir alles zeigen lassen, wo se den Ambowrak bauen.

Erst ab Juni 2012.

ER: Haste vorher keinen Termin gekriegt? Is klar, mein Bengel sagt auch: Da wollen alle hin zum Gucken, das is ein Gedicht, was die da an Maschinen reingeholzt haben. Mein Bengel hat drei Pressen und zwei Türken unter sich.

So, ich muss jetzt aber mal weiter.

ER: Mach mal eben an, dass ich den Sound höre.

Das is ein ganz normaler BiTurbo-Diesel.

ER: Auße Weltraumforschung.

Was sollen die im Weltraum mit Dieselmotoren?

ER: Da is doch der Iwan zugange, der hat doch bloß Dieselmotoren, wundert einen fast, dass da kein Öl von den alten Runten hier runter aufe Erde tropft. Man weiß ja, wie der Iwan so is. Du, und das eine sag ich dir, da oben im Weltraum, da kannst du alles gebrauchen, da bist du über jeden noch so kleinen neuen Dieselmotor froh.

Mag sein, ich war noch nich da oben.

ER: Mein Bengel wollte früher Astronaut werden, aber dann hat er sich doch gegen Astronaut entschieden und is zu VW gegangen wegen Heimschläfer, er hatte ja damals schon die Astrid zugange.

Schön, nu muss ich aber.

ER: Guck an, Ledersitze, soll bei Inkontinenz gar nich so praktisch sein, sagt mein Bengel.

Ich bin nich inkontinent.

ER: Noch nich, kommt schneller, als man denkt. Lass dir das von einem alten Fahrensmann gesagt sein. Deswegen sind hinten die Ablauflöcher in der Pritsche, läuft alles aufe Straße.

Wollen Sie behaupten, dass Leute, die einen Pick-up kaufen, hauptsächlich Inkontinente auf der Ladefläche rumkutschieren?

ER: Weiß ich nicht, aber sag selbst, wozu dann die Löcher? Das machen die bei VW doch nich aus Jux und Tollerei, kost doch auch Geld, und wenn's bloß 'n Argentinier is, der da noch mal eben mitt'n Akkubohrer dran langgeht.

Jetzt hamses selbst gesagt: »Argentinier«. Da wird der nämlich gebaut und nicht bei ihrem Bengel in Hannover.

ER: Du, is auch egal, der Bengel wird dies Jahr 25, ein Jahr noch, dann geht er in Betriebsrente …

Schön für ihren Bengel, würden Sie mal eben ihren Einkaufswagen an die Seite schieben, dass ich zurücksetzen kann.

ER: Wieso. Haste kein Parkpilot? Was is das überhaupt fürn Paket?

Wie jetzt, Paket?

ER: Wo Parkpilot nich mit bei is. Chrompaket bei Komfortline oder is das bloß Trendline? Seh ich grad, is auch ohne Bimbobügel.

Was fürn Bimbobügel?

ER: Wo sich die Neger dran festhalten können hinten aufe Pritsche, wenn Massa sie nache Baumwollfelder bringt.

Dieser verchromte Überrollbügel. Nä, hab ich nicht.

ER: Du machst nich in Baumwolle, oder was?

Ich fand den sowieso schon immer albern. Der nennt sich auch Styling Bar.

ER: Du bist auch sone Styling Bar. Stell dich da mal dran, da stellt dir keiner 'n Pils hin an deine Styling Bar.

Aber der Androback wird ja hauptsächlich nache südlichen Länder hin verkauft, sagt mein Bengel, deshalb diesen Festhaltebügel hinten für die Minenarbei-

Migrations-Scheuche an der EU-Außengrenze.

ter und so weiter. Das soll da unten Gesetz sein, dass du deine Schwatten nicht einfach so aufe Ladefläche, muss dieser Sicherheitsbügel dran sein, sagt mein Bengel. Vorm TÜV, der is ja überall aufe ganzen Welt, da gibt's kein Entrinnen. Morgen soll's wieder regnen, habense im Apparat gesagt. Is mir aber egal, ich werd morgen

operiert, an sich schneiden die nich am Freitag, aber na
ja ... So jetzt hast du mich lange genug aufgehalten,
ich muss noch innen Discount rein und Bier einkaufen,
mein Bengel grillt heute Abend mit seine Kumpels. Seh
ich gerade, du hast auch Bier gekauft: Einbecker. Und,
wie biste damit zufrieden?

Ich hatte mich schon in meine Fahrgastzelle geflüchtet,
noch ein Gespräch dieser Art hielt ich nicht mehr aus.
Von innen hörte ich noch, wie der Mann was sagte.

ER: Das wird ja hier in Hannover gebraut, sagt mein
Bengel. Einbecks Chilled Orange, das is mit Pflaumen-
geschmack, da stinkt die Kotze nich so von, sagt mein
Bengel, hahahaha, ja wird hier in Hannover gebraut ...

Ich hatte endgültig die Schnauze voll und haute den
Rückwärtsgang rein. Zu Hause hab ich dann so rotes
Zeug hinten von der Anhängerkupplung gewischt. Den
Mann habe ich nie wiedergesehen.

WÜRDE DES AMTES

Bürde des Bembels, Zierde des Zargels

Rauchen am offenen Grab, eine furzende Braut vorm
Altar, dreckige Witze an der aufgebrochenen Oma in
der Pathologie – da würde jeder sagen: Hier wird sie mit
Füßen getreten, die Würde. Aber was ist diese ominöse
»Würde«, die durch den Hallodri angeblich dauernd
verletzt zu werden droht? Kann mithin alles Mögliche

eine Würde besitzen, nicht nur der Mensch, auch eine Hundehütte etwa? Nun, die gerade nicht, aber andere Gebäude durchaus. Historische efeubewachsene Ruinen können trotz bröckelndem Gesims und massiver Schimmelbildung noch immer eine »stille Würde« ausstrahlen. Das Amt dagegen hat nur die ganzheitliche Würde, aber keine angefaulte stille Würde. Die weitaus meisten Ämter haben allerdings gar keine: Finanzämter, Katasterämter, Kfz-Zulassungsstellen. Da können die Insassen rumlaufen und forzen wie die Neandertaler, macht nix: Die Würde kann nicht beschädigt werden, weil nicht vorhanden. Anders verhält es sich bei dem Bundespräsidialamt, auch Sitz des Bupräsers oder kurz Bellevue genannt, darin darf weder geforzt noch mit Krediten zu günstigen Zinsen gehandelt werden. Gut, dann vielleicht draußen aufm Parkplatz oder sagen wir in Großburgwedel? Nein, das ist auch nicht erlaubt, denn die Würde des Amtes schleppt der Träger überall mit sich rum – auch außerhalb des Gebäudes. Das wusste Christian Wulff nicht, wie auch, wenn's ihm keiner gesagt hat? Die Würde klebt an dir als Präsi wie Hundescheiße an der Schuhsohle – wirste nich los. Interessant ist nur, dass die eigentlich gar keiner will, diese verlogene Besenstil-im-Arsch-Würde. Wir wollen eigentlich eher einen lustigen Präsi und noch lieber einen unfreiwillig witzigen: Heinrich Lübke, das war ein toller Hecht: »Meine Damen und Herren, liebe Neger«, oder wie war das noch gleich? Der Deutsche will eine Knallcharge da oben, über die er Witze reißen kann, die Antipode zur sonstigen Staatsgläubigkeit. Irgendwo muss die Anarchie ja auch mal raus. Und am besten für alle ist es, wenn der Kasperkopp nicht ausgerechnet der Bundeskanzler ist, denn der hat ja Macht im Staat. Eine richtige Tröte macht sich da besser als BuPräser,

181

der allen Schabernack auf sich zieht, kann er doch nur geringen Schaden anrichten. Die scheiß Würde seines bekloppten Amtes kann er meinetwegen in der Pfeife rauchen, die er selber ist. Immer werden von Weizsäcker, Heinemann und Herzog als ideale Oberstaatslaternen genannt. Ich fand neben Lübke noch den Fahrtenlieder trällernden Walter Scheel gut, ja sogar den vertrottelten SA-Wandervogel Karl Carstens. Ich meine, als Bürger dieses Landes haben wir ein Recht auf einen ausgemachten Hanswurst an der Spitze, eine murmelnde, mit der Würde des Amtes bekleidete Worthülse braucht doch kein Schwein. Da kann man ja gleich Margot Käßmann mit Joachim Gauck als Doppelspitze wählen. Oooh, jetzt habe ich aber bestimmt einigen auf die Füße getreten. Na macht nix!

DER GROSSE REGEN

Wetter für Genießer

Autotester, Sportreporter, Hauptstadtjournalisten sind der Bodensatz der unabhängigen Berichterstattung – dachte ich bisher. Und ich hatte recht. Ich hatte dabei nur ein besonders korruptes Pack vergessen: die Wetterberichtfritzen und -elsen. Ungeniert freuen sie sich, wenn wieder mal die Sonne scheint und befeuchten sich schier den Schlüpfer, sobald am Horizont des Wochenendes das Zentralgestirn durch die Wolken grinst. Ja bitte schön, was zum Schinder gibt es sich da unkritisch einzupissen vor Gejuchze? Die scheiß Sonne ist, wenn nicht durch Frau Holle auf erträgliches Niveau gebremst, doch einfach nur scheiße, oder hatte ich scheiße schon einmal in dem Zusammenhang erwähnt? Grillt uns die Pelle welk am Seelencontainer, das Miststück, lähmt jedwede körperliche Anstrengung, sogar der gute alte Kumpel Geschlechtsverkehr will nicht recht auf Touren kommen – und dennoch betet der hiesige Knallkopp die Sonne an, bis ihm der Steiß glüht wie Vattern Pavian. Dabei hat auch der Nebel schöne Ecken, und wer seinen Bierdurst vom Wetter abhängig macht, ist eh ein unverbesserlicher Vollhorst. Im wasserdichten Wüstenrot-Unterstand hocken und nach draußen in den Regen blicken – was gibt es Schöneres? Die großen Schlagwetter sind's, die uns das Menschsein erst in vollen Zügen genießen lassen. Die Ricke und Meister Lampe frösteln im Frost, wenn der Himmel seine Schleusen auftut, doch wir grinsen aus dem Trockenen in die triefend nasse Natur hinaus. Der Regen ist das Wetter, in das man nicht hinausmuss. Kaum brüllt die blöde Sonne wieder vom Firmament, springt sofort jemand auf und pestet einen an: »Komm, die Sonne scheint, lass uns doch nach draußen gehen.« Widerlich! Sonne ist immer nur an oder aus, der Regen hingegen hat viele schöne Seiten. Da ist der wochenlang während Nieselregen, der Herbst und zeitiges Frühjahr so schön ungemütlich macht. Wie man sich wohlig schütteln kann, wenn man die von Menschenhand geformte Umgebung wieder betritt! Da sind die Orkane und tosenden Unwetter, die mittlerweile ganzjährig auch durch Mitteleuropa wüten. Bilder von überschwemmten Kellern, kieloben treibenden Kraftwagen und kleinen Kätzchen, die sich auf Dächer retten konnten – nicht zu vergessen die bedröppelten Flussanrainer, wo um Staatsknete barmen. Was wäre die Tagesschau ohne den nassen Wüterich im Sommer? Das Größte aber ist das Gewitter. Wenn sich der ganze Himmel in ein Riesen-Circorama verwandelt mit Blitz und Donner, Hagelschlag und Sturzfluten. Ein Schauspiel von erhabener Größe, wie es menschliches Geschick niemals vermöchte. Und irgendwann lässt der große Regen nach, und die Welt riecht wieder frisch wie am ersten Tag. Scheint die Sonn' ohn' Unterlass, riecht die Welt nach Müll und Hundescheiße. Nein danke!

GEHEIMDIENSTE

Siegrid Ssörwiss

Die höchste Evolutionsstufe des öffentlichen Dienstes ist der Geheimdienst – dessen höchstes Geheimnis wiederum seine Existenzberechtigung ist. Ahlt sich schon der stinknormale Öffi-Lurch in der Versorgungssuhle des Staates, ohne den Druck der Daseinsvorsorge zu spüren, so denkt sich der geheime Lurch sogar seinen Aufgabenbereich selber aus – im Gegensatz zum Müllwerker etwa, der sich die Mülltonne ja nicht selber ausdenkt. Unter den Schlapphüten gibt es zwei Fraktionen: die fürs Ausland und die fürs Innere. Beide müssen sich immer neue Bedrohungen ausdenken, damit nicht irgendein Parlamentshansel auf den Trichter kommt, das Budget zu deckeln. Die Außen-Lurche hatten sich zu dem Behufe eine Gruselgestalt namens »Der Russki« ausgedacht und durch James-Bond-Filme im Bewusstsein der Doofköppe verankert. Als die Bedrohung zu schwinden begann, tauchte – Allah sei dank – eine neue Horrormacht am Horizonte auf: al-Quaida Dschihad Hammas Isladingsbums. Angestachelt durch zwei aufmunternde Golfkriege, hält sich die Truppe ganz wacker und liefert vor allem den amerikanischen Schlappsäcken reichlich Argumente fürs eigene Dasein. Zur Not bekämpfen sich die Geheimdienste in Amerika aber auch gegenseitig. In Deutschland hält sich dagegen sogar der Auslandsgeheimdienst vorwiegend im Inland auf und horcht in die böse weite Welt hinaus. Die geheimen Eichkater fürs Innere nennen sich Verfassungsschutz, was eher an einen konservierenden Gebäudeanstrich aus der Obi-Forschung gemahnt denn an eine coole Truppe. MI6, Deuxième Bureau, KGB, CIA, Mossad – so heißt man in den Kreisen, doch nicht wie ein Fassadenschutz oder Frostschutzmittel. Wie peinlich ist das denn? Nun denn, trotz des nicht filmgerechten Namens gelang es dem Fäulnisschutz, sich eine Aufgabe zu besorgen. Das war ab den Siebzigern der linke Terror, auf den Punkt gebracht in der RAF. Seit deren Verglühen wurde der Dienst zusehends langweiliger. Da beobachtete man etwa die LINKE, eine Partei mit alten Stasi-Opas und gescheiterten Wessi-Zauseln – das war so spannend wie die Beobachtung des Teichgeflügels hinsichtlich verfassungsfeindlicher Tendenzen. Auf der anderen Seite des politischen Irrsinns dümpelte die Rechte dahin, nicht annähernd so bedeutsam wie in den westeuropäischen Bruderländern. Die Eingemeindung der Ostzone spülte zwar einen Sauhaufen rechter Schläger und Hetzer in die Szene, diese waren aber so offensichtlich kriminell, dass die bloße Polizeiarbeit reichte, sie dingfest zu machen. Um nun nicht gänzlich überflüssig dazustehen, schickte der Vertrauensvorschuss Hunderte eigene Entwicklungshelfer in die rechte Szene – und siehe da, jetzt gibt's richtig Arbeit.

JENSEITS ALLER WAHRSCHEINLICHKEIT

Ich kenn aber einen

Die alltagsfernste aller Wissenschaften, mal abgesehen
von der Frauenforschung, ist die Statistik. Da mag sie
noch so oft die Gefahren vom Tod im Straßenverkehr
jener vom nächtlichen Überfall im Forst gegenüber-
stellen, es hilft nichts: Niemand fährt mit Muffensau-
sen auf die Bundesautobahn, fast jedem aber geht der
Stift, wenn er des Nachts den Wald betritt, wo ja nach
alter Sage die Räuber sind oder seit Aktenzeichen XY
sogar der Schlitzer lauert. Hier handelt es sich um eine
archaische Furcht, der keine noch so gut untermauerte
Statistik beikommen kann. Die Wahrscheinlichkeits-
rechnung, denn darum handelt es sich ja in Wahrheit,
wenn wir von »Statistik« sprechen, wird beinah täglich
von der individuellen Erhebungsmethode mit der Fall-
zahl eins – in Prosa: »Mag alles wohl sein, ich kenn aber
einen ...« – in Frage gestellt. Besonders gern wird sie
genommen, wenn die Risiken exzessiven Quarzens und
Pichelns ins sonnige Licht der Vernunft gerückt werden
sollen: »Ich kenn aber einen, der hat sein ganzes Leben
lang Filterlose geraucht und jeden Tag 'ne Flasche Ma-
ria gepichelt, der is 94 geworden.« Sicher! Selbst wenn
man mit gleicher Münze heimzahlt und behauptet, man
selber kenne aber jemanden mit ähnlichen Konsumgewohnheiten, den habe es mit grade mal dreißig Lenzen
dahingerafft – das kann den Blödmann nicht erschüttern: »Wer weiß, ob der nich als Kind schon schwächlich war.« Ja, man weiß so vieles nicht. Ist die atomare
Strahlung tatsächlich gefährlich, oder waren die Einwohner von Hiroshima als Kinder vielleicht alle schon

Restroom im topaktuellen Shabby-Look
(Philippe Starck für Villeroy und Boch).

schwächlich? Erst wenn man die Alltagsphilosophie des Normalverbrauchten ins Monströse steigert, zeigt sich ihre ganze Absurdität. Niemand, wirklich niemand wägt seine Handlungen nach wahrscheinlichen Risiken ab. Jede fundierte Erhebung und die daraus resultierende Wahrscheinlichkeit des Eintreffens bestimmter Gefahren trifft auf eine Mauer der Ignoranz: »Ich kenn aber einen ...« Und schon ist aller Einwand vergebens. Seltsamerweise kennen alle aber immer nur einen, der entgegen aller Vorhersage einer Gefahr entgangen ist, selten jemanden, dem ausgerechnet an seinem Hochzeitstag beim Lösen im finsteren Forst ein Knüppel in den Arsch gerammt wurde. Das ist in der Tat extrem unwahrscheinlich, aber könnte ja sein, dass jemand einen kennt, dem das widerfahren ist. Doch nein, die Wahrscheinlichkeitstheorie des kleinen Mannes kennt eher das Happy End. Kein Wunder bei einer Bevölkerung, die zu über 50 Prozent an ein Leben nach dem Tode glaubt – da kann jede Statistik einpacken.

KEINE LÖSUNG

Ist auch 'ne Lösung

Wir haben es natürlich längst geahnt: Die Lösung des Problems ist selbst das Problem. Die Umweltzone bringt nicht nur nix, sondern begünstigt auch den Ausstoß giftiger Stickoxide; Elektroautos verbrauchen mehr böse Energie als Verbrennungsmotoren, und dann sieht der Toyota Prius auch noch voll scheiße aus; der Biokraftstoff E10 ist noch klimaschädlicher als das fossile Normalbenzin – na, schau mal an, und wir hatten gedacht, Regenwald ummöllern und stattdessen Benzinbohnen pflanzen sei Ökozausels feuchter Traum. »Solution is Illusion«, wie der Lateiner sagt, Gummilösung ist die einzige, die was taugt. Aber es geht ja noch weiter: Die Energie, die zur Produktion eines Photovoltaikelements und dessen Transports von China bis nach Doofmannland gebraucht wird, ist höher als die jemals von ihm erzeugte. Scheint dem Solarfarmer die Sonne nicht wenigstens noch nachts aus dem Arsch heraus, wird es nichts mit der positiven Ökobilanz. Weiter geht's im heiteren Reigen der Patentrezepte: Den zugigen Altbau mit Styroporplatten einzuhausen, senkt zwar den Heizverbrauch, aber auch die Lebenserwartung der ebenfalls eingehausten Bewohner. Fröhlich vermehrt sich der Schimmelpilz und freut sich auf die Zeit, da er allein in der sporenverseuchten Ruine wohnen darf. Doch wir haben den Irrsinn von unseren Enkeln nur geliehen, und geben ihn gerne an die nächsten Generationen weiter. Schon jetzt hängen achthundert Millionen Tonnen Schaumstoffplatten an deutschen Außenwänden und warten auf die Sondermüllentsorgung in zwanzig Jahren. Glück im Unglück: Die deutsche Doofendichte nimmt dank demographischem Wandel ab – da gibt's Platz für reichlich Deponiefläche. Schon heute sehen ja weite Teile Dschörmenis aus, als hätte da längst jemand Städte und Dörfer entsorgt. Trotzdem wäre es sicher klug, das Saarland schon mal planierraupengestützt rechtzeitig zu entvölkern. Keine Lösung ist auch 'ne Lösung, dieser einzig wahre Satz jedweden politischen Handelns bestimmt immer häufiger das Handeln der Politiker. Und dieser Satz, der sich selber in den Schwanz beißt, ist auch nicht bescheuerter als die Abschaffung der 60-Watt-Birne, um das Weltklima zu retten. Es muss halt was getan werden um des blinden Aktionismus willen, denn sonst würden ja alle Menschen merken, dass die notwendige Verbindung zwischen Problem und Lösung der Natur an sich und dem Leben insbesondere völlig fremd ist. Alles passiert so vor sich hin, und keiner weiß, woran es liegt – so in etwa funktioniert das nämlich hier.

SCHLIMME HOBBYS DER FRAUEN

Subversive Rache am Patriarchat

Ich weiß nicht, wann in der Geschichte der Menschheit jemand zum ersten Mal auf die Idee kam, einen Seidenschlips zu bemalen, und wer ihm dafür vorher ins Gehirn geschissen hatte. Als die Idee jedoch in der Welt war, zog sie die reife Weiblichkeit an wie der Männerschweiß die Zecken. Seither pinseln die teilverblühten Grazien die Krawatten an, als hinge ihr Leben davon ab. Hauptleidtragende dieses nässenden Kreativitätsausbruchs sind deren männliche Eheteilnehmer. Die nämlich tragen die schreibunten Lappen um ihren Hals spazieren und machen sich damit zum Gespött der Öffentlichkeit. Geschickterweise hat hier das Weib ein Hobby gewählt, von dessen Auswirkungen sie nicht nur selbst verschont bleibt, sondern mit dem sie auch noch ihren alten Sitzsack aus der Ehe demütigen kann. Respekt! Warum basteln Männer keine Riesentitten aus Kronkorken, mit denen sie ihre Frauen auf Flohmärkte schicken, um sie zu erniedrigen? Weil der Mann nur die rohe, unmittelbare Gewalt kennt und ihm für die langfristige Hinterfotzigkeit des Weibes sowohl die Geduld als auch der Grips fehlen. Wenn irgendwann der Frau die Schlips-Ausbringfläche für ihre Kreativität zu eng wird, greift sie zu Pinsel und Leinwand und fabriziert Gemälde von so unbeschreiblicher Hässlichkeit, wie sie nur eine über lange Jahre genährte Bösartigkeit hervorbringt. Beliebtes Motiv: horizontale Linie im oberen Drittel, darüber klebt ein halber Blutfleck gleich Son-

Neuester EU-Wahnsinn: Aus Gründen der Verkehrssicherheit müssen alle Esel an der Spitze weiß angestrichen werden.

nenuntergang gleich Romantik. Die unteren zwei Drittel werden regiert von nach unten größer werdenden Stinkprimeln gleich Natur gleich Perspektive gleich

»Kunst kommt von Können«. Diese Machwerke sind schnell zusammengeschmiert und werden dem Gatten im Dutzend ins Büro mitgegeben, Auftrag: an die Kollegen verbimmeln für 180 Kracher das Stück. Verfügt der Mann noch über etwas Selbstachtung, bringt er den Selbstfindungsauswurf sofort zur Deponie. Das vermeintlich eingenommene Geld liefert er aber um Gottes willen nicht beim Eheweibe ab, sondern gibt es gleich für neue Farben aus, damit die Produktion der Meisterwerke nicht ins Stocken gerät. Überflüssig zu sagen, dass die Farben mit Chlor präpariert wurden, um der kreativen Gattin wenn schon nicht unbedingt gleich das Augenlicht zu rauben so doch wenigstens alle künftigen Leinwände zu zersetzen.

NEUES KABINETT

Bewährte Frontfressen

Wo fing der ganze Schlamassel an? In Baden-Württemberg gab's plötzlich keine CDU-Regierung mehr. Ist das denn überhaupt erlaubt? Und die FDP saß nicht mehr im Mainzer Landtag. Haben die da nicht sogar schon mal mit dem alten Silberrücken am Kabinettstisch gesessen? Wo Niederlagen sind, da müssen Köpfe rollen, und bei derart einschneidenden reichen die Landesrüben oft nicht aus, da muss auch Berlin ein Menschenopfer bringen. Aber nicht einfach nur Opa Brüderle in die Wüste schicken, wie wär's damit, den ganzen Saustall auszumisten und ein komplett neues Kabinett zu installieren? Getreu dem Motto: wenn schon doof, dann aber richtig. Als Bundeskanzlerin schlage ich Margot Käßmann vor, dann hätte Gottes selbsternannte Worthülse jedenfalls keine Zeit mehr, dauernd Bücher rauszuhauen wie ein zwanghaft kreißendes Meerschweinchen. Wo wir schon mal bei den Pfaffen sind: Familie und Soziales ginge an Bischof Mixa, quasi auf Bewährung. Aber einmal am Hosenbund genestelt, und aus ist's! Das Auswärtige Amt bekäme Heidi Klum – sie ist für das Westbündnis, spricht englisch, sieht gut aus und ist heterosexuell. Für den Ostblock muss Daniela Katzenberger reichen. Beim Wissenschaftsministerium dachte ich zuerst an Günther Jauch, diesen kleinen Besserwisser, aber wenn man schon Akzente setzen will, dann geht nur Mario Barth – eine grundehrliche Haut. Der würde niemals einen Doktortitel fälschen, schon weil er gar nicht wüsste, was das überhaupt ist. Und da sind wir auf assoziativem Wege auch schon im Verteidigungsressort angekommen. Mir schwebte zuerst Per Mertesacker vor, aber letztlich ist der Bengel viel zu pazifistisch. Nominiert werden deshalb die Gebrüder Klitschko, und zwar beide, dann kann man einen gleich in Afghanistan lassen und spart sich das Hin-und-her-Gedüse mit der Luftwaffe. Den Finanzminister brauchen wir noch, da geht kaum ein Weg an Peter Zwegat vorbei, es sei denn, Dr. Eckhard von Hirschhausen kann das auch noch nebenbei erledigen. Damit mindestens 40 Prozent der Minister Frauen sind, werden die letzten 25 von Cindy aus Marzahn ausgefüllt, als sagen wir mal das Ministerium für Ernährung, Verbraucher und Fertigpizza oder so. Ministerium des Inneren: Sarah Kuttner. Gesundheit brauchen wir nicht, Justiz hält sich eh keiner dran, und den Verkehr regelt Knöllchen Horst. Entwicklungshilfe fällt auch weg, die Schwatten holen sich die Kröten ja alle schon selber ab. Fehlt nur noch der Bundespräsident als Obervorzeigenichtsnutz. Da müssen wir aber mal was Anständiges nehmen, sonst lacht das Ausland über uns: Horst Tappert ist tot, bleibt also nur noch Thomas Gottschalk. Fertig ist die Kabinettsreform, und das Schönste ist: Keiner von denen ist Politiker.

RELIGIÖSE TOLERANZ

Schwarzer Schimmel

Wir Deutschen tun doch schon seit über einem halben Jahrhundert niemandem mehr was zuleide. Im Gegenteil: Jeder Blödmann mit außerirdischen Wahnvorstellungen wandert hier ein und leider kaum noch wieder aus, rennt rum wie Belphegor im Louvre, ernährt sich aus unserem Steueraufkommen – alles kein Problem, alles prima! Ich kann gerade noch nachvollziehen, dass ungebildete Großhirnverweigerer in den geistigen Wüstenstaaten dieser Welt zum Streichholz greifen, wenn man sie provoziert. Was ich nicht hinnehmen mag, ist, dass die bei uns ansässigen und in unserem Rechtssystem angesiedelten Religionsgenossen ihren bekloppten Brüdern auf der Welt nicht mal den Marsch blasen. Stattdessen gab es in Deutschland Demonstrationen gegen ein YouTube-Video – ich glaub, es hackt!

In Europa ist nach über einem Jahrtausend Kampf und Palaver aus dem Christentum eine Haustier-Religion geworden, die mit uns Menschen in Frieden zusammenlebt. Religiöse Rechthaberei ist hier genauso erlaubt wie das Rauchen, selbst wenn es die eigene Gesundheit gefährdet. Heilige Gegenstände im Sinne der Verfassung gibt es allerdings bei uns nicht. Ein Buch ist ein Buch und bleibt auch ein Buch, und wenn es legal erworben wurde, kann der Besitzer damit machen, was er will. Ob jetzt das Löschen des Korans auf einem

Moldawien – Partnerland der documenta 2017.

E-Book-Reader auch Gotteslästerung ist … da bin ich theologisch ausgebremst. Mit diesem ganzen abstrusen Irrsinn mögen sich bitte jene befassen, die von Hause aus Menschheitsfragen wie die nach der jungfräulichen Empfängnis oder ähnlichen Hokuspokus erörtern. Will sagen: Unsere Haustier-Religiösen, nette harmlose Bürger dieses Staates, mögen doch bitte ihren Cousins und

Cousinen vom Islam erläutern, wie es hier bei uns so läuft. Ich kann leider am Dialog mit dem Islam nicht teilnehmen, weil ich glaube, dass Gott mit unserem Gehirn was anderes vorhatte, als an ihn zu glauben. Aber Frau Käßmann oder Herr Zollitsch, gern auch der Limburger Riesenbischoff Franz-Peter Tebartz-van Elst können sicher mit den Genossen aus der Mohammed-Fraktion ganz anders und auf Augenhöhe parlieren. Viel Spaß dabei. Kopf ab zum Gebet.

SCHLANGE STEHEN

Eine ausländische Verhaltensform

»Heut lasst uns hinten nicht anstehen, sonst kommst du vorne nicht an«, diese Zeile aus einem Lied von Hans Albers galt jahrzehntelang als ehernes deutsches Gesetz. »Schlange stehen«, das machten Leute im Sozialismus, in Somalia oder Berlin vor der Chappi-Ausgabe der barmherzigen Schwestern – aber als normaler Bundesgermane tat man so was nicht. Sollte sich tatsächlich mal irgendwo eine größere Menschenmenge vor einem Bedarfsengpass bilden, sagen wir mal vor der Eingangstür eines schon überfüllten ICEs, dann prügelte man sich nach vorne durch und trat gegen Schwächere und Gebrechliche aus. In Zweierreihen an Bushaltestellen anstehen wie der mädchenhafte Brite, das kam für einen Deutschen nicht in Frage. »Wenn du vorne ran willst, darfst du eben nicht hinten anstehen, klarer Fall, denn wenn man sich in einer Schlange anstellt, ist man im Moment des Anstellens automatisch der Letzte, das liegt in der Natur der Sache. Aber »Letzter sein«, das geht schon mal gar nicht, und wenn es nur an der Würstchenbude ist. Deshalb hat sich auch gerade dort die altdeutsche Form des Verteilungskampfes bis heute gehalten: Ein Pulk von Bratwurstgierigen umringt die Feuerstätte und schreit die Grillkräfte an. Wer am lautesten brüllt, bekommt den angekokelten Brühpimmel zuerst serviert. An der Bratwurstbude finden die letzten Scharmützel deutschen Überlebenskampfes statt, überall sonst hat sich auch der Teutone in die zivilisierte Form der Zuteilung gefügt. Brav und friedfertig steht er an der Supermarktkasse an, am Flughafen-Terminal, ja sogar manchmal auf dem Bahnsteig, ohne jemanden umzubringen, der vor ihm steht. Lediglich in der akustischen Abgeschiedenheit des PKW traut er sich noch, den vor ihm im Stau Verweilenden als »mongolischen Kackhaufen« anzuschreien und mit virtuellen Panzerfaustattacken zu beharken. Im Reich der gegenseitigen Sozialkontrolle ist der Deutsche längst gezähmt. Manchmal beobachtet man ihn höchstens beim Wechseln von einer Schlange zur nebenstehenden in der Hoffnung, da gehe es rascher voran. Sehr beliebt ist auch, die gesamte Großfamilie auf sämtliche Kassenreihen zu verteilen und dann, sobald sich herausgeschält hat, welche die schnellste ist, mit allen acht Familienmitgliedern in eine Schlangenposition einzubrechen. Hier ist noch etwas vom natürlichen Überlebenskampf zu spüren, aber ansonsten ist der gepamperte Germane kriegsmüde geworden. Nach stundenlangem Anstehen am Ticketcenter für eine Ausstellung versteinerter altägyptischer Mistkäfer nimmt er es sogar klaglos hin, dass ihm ein Ticket mit Zeitfenster zugeteilt wird. Nicht jetzt sofort, sondern voraussichtlich erst nach dreieinhalb Stunden dürfe er das Museum für circa 30 Minuten betreten. Genau wisse man das aber auch noch nicht, man solle doch bitte seine Handynummer hinterlassen, man würde dann per SMS informiert, in welchem Zeitfenster die Eintrittskarte Gültigkeit erlangte. Früher wäre das die direkte Aufforderung zu einer Schlägerei gewesen, heute trottet Hänschen Klein brav wieder fort und stellt sich unterdessen an einer weiteren Schlange an, um schon mal vorzupissen, damit nichts dazwischenkommt, wenn er dran ist.

DEMOGRAPHISCHER WANDEL

Aussterben light

»Demographischer Wandel?« Was soll das Drumrum-Geschwurbel? Sagt doch, wie es ist: Die Deutschen in ihrer ursprünglichen Erscheinungsform sterben aus. Leider nicht sofort und alle auf einmal, sondern langsam und qualvoll. Zwischendurch werden erstmal jahrzehntelang alle alt, noch älter und richtig teuer. Saubere fünfzig nutzlose Jahre verbringt die verwöhnte Kartoffel jenseits seiner fortpflanzungsaktiven Zeit. Und selbst dort hat der Deutsche nur 1,3 Kinder produziert. Lediglich der hier ansässige Muselmane knattert noch wie einst im Mai. Positiver Nebeneffekt: In Zukunft können sich die Türkenblagen mit unserem Atommüll rumärgern und Gürleben fertigmachen. Der Altdeutsche hat dann längst die Platte geputzt, und das ist kein schlechter Abgang, denn der Welt hat er ohnehin nicht mehr viel zu bieten. Kaum vorstellbar, dass die hier aufgeforsteten Leichtmatrosen noch mal so was wie den Ottomotor erfinden oder die Relativitätstheorie. Von dem Haufen abgebrochener Sozialpädagogen wird auch kein Dritter Weltkrieg mehr angeschoben. Und viel mehr können wir ja nicht! Trommeln und Grölen können andere Völker viel besser, und die Fertigungstoleranzen des Hyundai sind auch nicht schlechter als die von VW. Will sagen, der Deutsche hat seine Mission auf diesem Planeten erfüllt und kann sich getrost zurückziehen. Alles gut, gäbe es nicht das Problem, das jedem Rückzug innewohnt, Napoleon und Erwin Rommel könnten ein Lied davon singen. Die produktiven Kräfte der Deutschen sind schon über kurz oder lang auf dem Felde der Arbeit gefallen, Nachschub aus dem Wochenbett ist nicht in ausreichendem Maße zu erwarten, nur der Volkssturm stellt sich noch bibbernd dem eisigen Wind der Geschichte entgegen. Was sich schönfärberisch als »Wandel« geriert, ist in Wahrheit unser letztes Aufgebot vor der Kapitulation. Schon bald rücken die Steppenvölker aus dem Inneren Asiens in die verwaisten Reihenhäuser ein, Kalmücken und Tataren grillen ihre Hunde auf den Grünflächen – warum nicht, wenn's schmeckt? Anderthalbtausend Jahre Wiederaufbau nach dem Ende des Römischen Reiches enden in einer lausigen Veranstaltung namens »demographischer Wandel«. Was gibt es da noch zu besprechen? Die Geborenseinsollenden sind nicht geboren worden – und die Verbliebenen im Kessel von Dead Old Germany sollten das tun, was man so tut, wenn sich eine Party dem Ende zuneigt: die Reste auffressen. Und genau das tun wir ja auch, es nennt sich »Generationenvertrag«.

INHALT

5 Vorneweg:

7 Arbeit

8 Monogamie

10 Nichtreligiöse Gefühle

12 Alkohol

14 Der große Knast

16 Gut und Böse

17 Versorgungslücke

19 Facebook

21 Gesund leben

23 Wasser

24 Die Guten

26 Betreuungsgeld

28 Fertiglasagnefresser

30 Voten und Schwarmintelligenz

32 Brücken schlagen

34 Todestrieb der Promis

35 Das Urweltmonster

38 Datenklau

39 Talkshows

41 Ansonsten …

44 Zersägte Frauen

45 Scripted Reality

47 Politische Verantwortung

49 Müll

51 Der Russe

53 Nanu-Nana

54 Brave Jugend

56 Die Flut kommt

58 Finanzexperten

59 Nach Aschermittwoch

62 Flohmarkt

63 Der deutsche Wald

65 E-Zigarette

67 Facebook Timeline

69 Die Reste von Deutsch

71 Forderungen aus dem Sommerloch

72 Oldtimer-Treffen

74 Frühlingsgefühle

75 Die Welt ist nicht genug

78 Ganoven

79 Der Tannenbaum

81 Gastrosexuelle Griller

83 Noch was dazu?

85 Geruch nach Frühling

86 Deutsche Religion

88 Geschenke

91 Die Drohne

92 Hallo

94 Grüne Frauen

96 Marketing aus den Wolken

97 Deutsche Metawut

100 Heino singt wieder

102 Meine Leiche, deine Leiche

103 Sommer in der Stadt

106 Rezeptionsverwahrlosung

107 Rocker

109 Simulierte Städte

111 Weihnachtsmarkt im Nieselregen

113 Sommerkleidung

115 Arschloch-Wanderpokal

116 Sommertiere

118 Kim Jong-un, der Bösewicht

120 Spaßkasernen

122 Dagmar und Gernot

124 Städtereisen

126 Non-Alkoholika

127 Staubsauger

129 Das große Abkacken

132 Unerwünschte Segnungen

133 Homestory

136 Vorfeldmitarbeiter

138 Power-Balance-Bänder

139 Wacken überlebt

142 Mützen und Hüte

143 Zwangsbeimischung

145 Der mobile Mensch

147 Neujahrsansprache 2012

150 Neujahrsansprache 2013

152 Ostern

153 Ratzis letzter Tag

155 Bettina Wulff

157 Coaching

159 Deutsche Badeorte

161 Das Brüderle

163 Schlecker

165 Dauercamper

166 Weihnachtsgrüße

168 GEZ

170 Der neue Amarok

180 Würde des Amtes

182 Der große Regen

184 Geheimdienste

186 Jenseits aller Wahrscheinlichkeit

188 Keine Lösung

190 Schlimme Hobbys der Frauen

192 Neues Kabinett

194 Religiöse Toleranz
196 Schlange stehen
198 Demographischer Wandel

Wischmeyer AUSWAHL

DOPPEL-CD: Deutsche Helden
Live-Mitschnitt des Tourneeprogramms 2013

DOPPEL-CD: Deutsche sehen Dich an
Live-Mitschnitt des Tourneeprogramms 2011

DOPPEL-CD: Die bekloppte Republik
Live-Mitschnitt des Tourneeprogramms 2008

DOPPEL-CD: Die Bekloppten & Die Bescheuerten
Live-Mitschnitt des Tourneeprogramms 2005

auf Tonträger AUSWAHL

DOPPEL-CD: Günther der Treckerfahrer - Landleben
Die Schönheit der Provinz

3-CD- BOX Testament
Dietmar Wischmeyer und Oliver Kalkofe sind die Arschkrampen

CD: Willi Deutschmann Der fättäh Brokkänn
Ein Rentner läuft Amok

Hier gibt es noch mehr von Dietmar Wischmeyer:

Alle bisher erschienenen CDs und Bücher im gut sortierten Fachhandel oder unter
www.fsr.de

Aktuelle Hörfunkbeiträge zum Download unter
www.fsr-shop.de

Aktuelle Veranstaltungstermine unter
www.wischmeyer.de

Dietmar Wischmeyer
ALLE DOOF BIS AUF ICH!
Die bescheuerte Republik

Ein Panoptikum des bundesdeutschen Irrsinns

ISBN 978-3-548-37414-7

Immer wenn einen die Zweifel plagen, ob man selbst vielleicht auch nicht einer der Hellsten sei, sollte man dieses Standardwerk zur Hand nehmen. Dort sind sie alle versammelt: die Bescheuerten unserer Republik. Sie treten auf in Gestalt von sommerlichen Nackengrillern, Geburtstagslyrikern, Smoothie-Schlürfern oder pilgern sich den Wolf nach Nirgendwo. Eine Reise ins Absurdistan des deutschen Alltags – witzig, böse und leider wahr.

www.ullstein-buchverlage.de